D0573688

LA COCINA FAMILIAR

EN EL ESTADO DE·

CHIHUAHUA

LA COCINA FAMILIAR

EN EL ESTADO DE

CHIHUAHUA

◣◢CONACULTA OCEANO

LA COCINA FAMILIAR
EN EL ESTADO DE CHIHUAHUA

Primera edición: 1988
Banco Nacional de Crédito Rural, S.N.C.
Realizada con la colaboración del Voluntariado Nacional
y de las Promotoras Voluntarias del Banco Nacional de
Crédito Rural, S.N.C.

Segunda edición: 2001
Editorial Océano de México, S.A. de C.V.

Producción:
Editorial Océano de México, S.A. de C.V.

© Consejo Nacional para la Cultura y las Artes

D.R. ©
Editorial Océano de México, S.A. de C.V.
Eugenio Sue 59
Col. Chapultepec Polanco, C.P. 11500
México, D.F.

ISBN
Océano: 970-651-530-5
             970-651-450-3 (Obra completa)
CONACULTA: 970-18-6826-9
             970-18-5544-2 (Obra completa)

Impreso y hecho en México.

LA COCINA FAMILIAR EN EL ESTADO DE

Chihuahua

Presentación

La Comida Familiar Mexicana fue un proyecto de 32 volúmenes que se gestó en la Unidad de Promoción Voluntaria del Banco de Crédito Rural entre 1985 y 1988. Sería imposible mencionar o agradecer aquí a todas las mujeres y hombres del país que contribuyeron con este programa, pero es necesario recordar por lo menos a dos: Patricia Buentello de Gamas y Guadalupe Pérez San Vicente. Esta última escribió en particular el volumen sobre la Ciudad de México como un ensayo teórico sobre la cocina mexicana. Los textos históricos y culinarios, que no las recetas recibidas, varias de ellas firmadas, fueron elaborados por un equipo profesional especialmente contratado para ello y que encabezó Roberto Suárez Argüello.

Posteriormente, hace ya más de seis años, BANRURAL traspasó los derechos de esta obra a favor de CONACULTA con el objeto de poder comercializar el remanente de libros de la primera edición, así como para que se hicieran nuevas ediciones de la misma. Esta ocasión llega ahora al unir esfuerzos CONACULTA con Editorial Océano. El proyecto actual está dirigido tanto a dotar a las bibliotecas públicas de este valioso material, como a su amplia comercialización a un costo accesible. Para ello se ha diseñado una nueva edición que por su carácter sobrio y sencillo ha debido prescindir de algunos anexos de la original, como el del calendario de los principales cultivos del campo mexicano. Se trata, sin duda, de un patrimonio cultural de generaciones que hoy entregamos a la presente al iniciarse el nuevo milenio.

LOS EDITORES

Introducción

Introducción

Una tierra inhóspita albergó a los primeros pobladores de la región. Fueron nómadas salvajes. Entre otras tribus, apaches, comanches, pimas, conchos, julimes, tapacolmes, tepehuanes, tubaris, tarahumaras y uarojíos disputaron en ella su adhesión a la vida, concebida como un acto guerrero-animista, y un sistema alimentario que sobrevivía de la caza, la pesca y la recolección de frutos.

A estos recios hombres se enfrentaron primero, y se agregaron después, otros no menos valerosos, náufragos de la expedición de Pánfilo de Narváez hacia la Florida. Alvar Núñez Cabeza de Vaca y sus compañeros fueron los primeros europeos que cruzaron estas tierras, hacia 1528. Pero habría de pasar casi medio siglo para que, tras sucesivas expediciones, religiosos y aventureros y mineros, en la búsqueda del oro, llegaran de nuevo al territorio que es hoy el Estado de Chihuahua.

La vida, exploración y conquista no fueron empresas fáciles. Los indios atacaban constantemente y, por ello, los frailes construyeron esas misiones-fortalezas desde las cuales se acometía una doble conquista: la de evangelizar y la de someter a los pobladores originarios.

Hacia 1564 los españoles denunciaron las minas de Santa Bárbara y los franciscanos se establecieron en el valle de San Bartolomé. Del Río y Baltasar de Ontiveros importaron ganado a la región, e Ibarra organizó políticamente el reino que se llamó Nueva Vizcaya y que comprendía también las actuales y vecinas entidades de Durango, Sonora y Sinaloa.

No es mucho lo que puede decirse de los alimentos que ingerían las tribus indígenas antes de la llegada de los colonizadores, salvo que su subsistencia era difícil y la perspectiva de la comida era sólo la de la supervivencia; no debe extrañar, pues, que a los nuevos moradores les causara horror la serpiente asada, los filetes crudos de iguana o las tortillas con lagartija, aunque recibiesen con agrado el maíz, el frijol y la calabaza.

Se dice que a fray García de San Francisco se debe el haber traído los primeros sarmientos que produjeron un delicado vinillo, y hermosas rosas de Castilla con qué aromar los incipientes jardines. Aún no germinaba el trigo, y el maíz compartía espacio con el frijol en los sembradíos. Diversas especies de cactus proporcionaban aguamiel, pulque, tunas y nopales, que se incorporaron con presteza como agua de uso, dulce y verdura a la dieta hispana. La reproducción del ganado fue precaria al principio, a causa de los ataques constantes de las tribus. Los indios se sublevaban y, más de una vez, acabaron con colonizadores y religiosos. Murieron misioneros jesuitas y franciscanos. Pero poco a poco surgió el quesillo y se unió al chile y al elote, a la carne de conejo, venado, res y cerdo. Se acompañaron con ensaladas de calabazas, de tuna, de chilacayote; se agregó también la cebolla, la papa y se hizo con ellas caldillo. Los nopales, cebolla, ajo y orégano se incorporaron al queso, epazote, manteca y chiles para empezar a producir, lentamente, deliciosos platillos mestizos.

El beneficio de una mina y sus hornos de fundición, a orillas del río Chuvíscar, cerca del mineral de Santa Eulalia, dieron origen a la ciudad de Chihuahua, en 1707. Fueron descubiertos numerosos minerales y la visión de la riqueza atrajo más colonizadores hacia estas nuevas y lejanas tierras. Los recién llegados fundaban, a su vez, poblados, apoyados siempre por los religiosos. Se fomentó la educación y se erigió el Ayuntamiento de Parral y la capital de las Provincias Internas se instaló ahí. Hacia mediados del siglo XVIII se combatía nuevamente –lucha tenaz y al parecer inacabable–, con los apaches y comanches sublevados. Así y todo, se comenzó la construcción del acueducto que surtía de agua potable a la villa de Chihuahua; se fundaron los presidios de Guajoquilla (Jiménez), San Buenaventura y Carrizal y se inició la compañía de milicianos.

En 1767 se estableció el servicio de correos entre la villa de Chihuahua y la ciudad de Durango, con dos corridas mensuales. Fue al año de la expulsión de los jesuitas, así que fueron clausuradas sus misiones en la Alta y Baja Tarahumara y cerrados sus colegios, se ocuparon los pueblos de las misiones y fueron entregados a los franciscanos.

El desarrollo de la zona era desesperadamente lento. Gigantescos llanos, magnas montañas. Sequía y humedad. Clima extremoso. Pobreza y riqueza se amalgamaban en estas enormes extensiones de tierra en las que todos luchaban por sobrevivir, había que enfrentarse a las fuerzas vivas de la natural ːza y al propio hombre. El uso de las mieles vegetales, de avispa y de abeja, dio origen a las aventuras culinarias que frailes y monjas forjaron en las espaciosas y frescas cocinas de las misiones. De ahí nacieron, sin duda, dulces, mermeladas y compotas –algunos revestidos con licores, almendras, nueces o piñones– y hubo sibaritismos tales como los nopales cristalizados y las tunas rellenas de queso.

En 1790, apaches y españoles suscribieron los acuerdos de una tregua que duró cuatro décadas. Esto impulsó el desarrollo económico de la región. Hacia 1802 se introdujo la vacuna contra la viruela negra; fue plantada la alameda de Santa Rita en Chihuahua; el primer reloj público horadó el frontispicio de la catedral; se autorizó la feria anual en el valle de San Bartolomé (Allende); abrieron sus puertas las escuelas primarias de varios pueblos aledaños a la capital; se previó el propósito expansionista de los angloamericanos que habían comprado la Luisiana a Napoleón I, y se movilizó a la tropa, con instrucciones de oponerse a las pretensiones del general Wilkinson.

A causa de la gran distancia y las pésimas comunicaciones, los realistas no se enteraban con la rapidez necesaria de los acontecimientos recientes. Así, las autoridades locales decidieron, por su parte, impulsar la industria, el comercio y la agricultura. Se establecieron casas de moneda; aumentaron los telares de la Casa de Obraje; se instaló una fábrica de artefactos de cobre; una fundición de hierro y talleres para la reparación de armas de fuego y producción de lanzas y adargas, sombreros y cigarros.

La guerra entre blancos y mestizos con las tribus indias autóctonas no pudo terminarla el gobierno local y se alargó aún por muchos años. Chihuahua era una "isla apache", como muchos la llamaron, y es en sus llanuras y montañas, desiertos y cañadas, donde se encuentra el verdadero escenario de esta histórica, dolorosa, larga y popularizada lucha entre el "hombre civilizado" y el "indio bárbaro". No es, como se suele pensar por la influencia del cinematógrafo, el oeste norteamericano la cuna de este lento y épico proceso de pacificación.

Desencadenada la guerra de Independencia con España, las batallas entre realistas e insurgentes fueron frecuentes. Caudillos como Hidalgo, Jiménez y Allende, entre otros, fueron aprehendidos y fusilados en Chihuahua. Las comunicaciones quedaron suspendidas. La insurgencia sufrió la dureza y agresividad de la zona, pero no la de los pobladores que, en su mayoría, pugnaban por el ideal de una libertad, nunca conocida o largamente perdida.

El Ayuntamiento de la villa de Chihuahua se negó a secundar el Plan de Iguala, pero al poco tiempo una junta de autoridades civiles, militares y eclesiásticas acordó sumarse al movimiento de Iturbide y jurar la Independencia. En 1823, un decreto del Congreso Nacional dividió a la Nueva Vizcaya en las provincias de Durango y Chihuahua, dando el título de ciudad a la capital de esta última. Se descubrieron nuevos minerales y llegaron al área las primeras máquinas de vapor. En 1825 se introdujo la imprenta; se estableció el Supremo Tribunal de Justicia y se expidió la primera Constitución Política. El nuevo gobierno fomentó y subvencionó el establecimiento de escuelas y la primera biblioteca. Con todo, la Independencia y la República no significaron el fin de la guerra contra el apache, que resurgió hacia la década de 1830-1840.

El clima era, paradójicamente, de una próspera inestabilidad social. El norteño seguía dando su sudor a la tierra, al ganado y a la siembra, pero envuelto en las intrigas de la capital y en las de los vecinos norteamericanos, a más de las amenazas de las tribus sublevadas.

De acuerdo con la historia local, Chihuahua poco conoció de las Guerras de Reforma entre liberales y conservadores. No había una representación significativa de los conservadores en todo el territorio, aunque es cierto que lo que sucedía en él se desarrollaba un tanto al margen de los conflictos del centro, casi con total autonomía.

Hacia la década de 1860-70, en Chihuahua se escenificó el drama de la República errante, la peregrinación de los liberales y del presidente Juárez que se "refugió en el desierto", frente al embate de los franceses, del Imperio de Maximiliano y de los conservadores mexicanos. Si bien Chihuahua recibió a Benito Juárez –lo que el cacique Vidaurri no dejó que sucediera en el vecino estado de Nuevo León–, no por ello dejó de haber rivalidades entre el hombre fuerte local, el general Luis Terrazas, y el presidente trashumante.

Hacia 1872, muerto ya el presidente Juárez, se estableció la fábrica de hilados de Bellavista; se fundaron los primeros bancos del país que emitieron papel moneda, se explotaron las salinas de la laguna de Palomas, pero los apaches incursionaron de nuevo. Se recuerda la batalla de Tres Castillos, a la que se sumaron los comanches. Las hostilidades cesaron, por fortuna, con un tratado de paz. Los chihuahuenses pudieron disfrutar, así, de un breve lapso de tranquilidad y progreso. Las abuelas aumentaron los recetarios familiares con su caligrafía preclara, y nos legaron la intervención culinaria francesa: empanadillas de sal, de dulce, rellenas de carne, pescado, aves, fruta o dulce; pollos envinados, con bechamel, con crema, almendrados; tortas de carne, de verduras, de legumbres; filetes a la naranja, y luego la crema Chantilly, el budín y el pan dulce.

Durante el porfiriato se vieron resurgir viejos conflictos. Por un lado, respecto al poder central, personificado por Díaz, y localmente frente a los apaches. El segundo terminó con la muerte del indio Gerónimo, en 1886, y el primero alcanzó una gesta ejemplar, en 1891, con la batalla entre soldados federales y el pueblo mestizo de Tomochic.

La construcción de los ferrocarriles en estos vastos territorios, durante el porfiriato, significó el inicio de una serie de cambios impresionantes. Y luego, precisamente en estos territorios de horizontes lejanos, testigos y protagonistas del progreso y la modernización de fines del siglo XIX y principios del XX, tuvo su cuna la Revolución mexicana. Hacia 1906, en Casas Grandes, los magonistas actuaban abiertamente. Más tarde, en San Isidro, se levantó en armas Pascual Orozco y, en San Andrés, Francisco Villa lo secundó. El distrito de Guerrero ardió y expandió su fuerza revolucionaria en apoyo de Madero y su Plan de San Luis. Guerra y armisticio revolucionario se escenificaron en Chihuahua y de ahí salió Madero victorioso para iniciar su triunfal recorrido hasta la ciudad de México.

Hoy día, el estado de Chihuahua goza de una política de desarrollo industrial, comercial, agrícola y ganadero sin precedentes. La infraestructura manufacturera y de maquila capta divisas y es el centro industrial de mayor auge en la frontera norte del país.

El cultivo del algodón, sorgo, alfalfa y maíz abastece los mercados nacionales, proporciona la base para importantes derivados y provee numerosas fuentes laborales. Parques industriales, escuelas, universidades, campos deportivos, hipódromo, galgódromo, plazas de toros, museos. Restaurantes, fondas, antojerías y puestos ambulantes ofrecen ahora, desde sus cocinas, algunos de los cortes de carne más suculentos del país, y una amalgama culinaria que incluye desde el bacalao a la vizcaína, hasta el asado de res, o la famosa carne quemada, los deliciosos tamales norteños, las harinillas y las jaleas.

En una ya histórica y famosa polémica, José Vasconcelos contra el parecer de Vito Alessio Robles, afirmó que la cultura termina donde empieza la carne asada. Con menos pasión y con objetividad, uno no puede menos de disentir y pensar que, si el ingeniero Alessio Robles hubiese invitado a don José a un asado, lo habría convencido fácilmente de que existen, en nuestro país, variadas formas de cultura. Vasconcelos seguramente habría rendido sus armas después de gustar los asados chihuahuenses, de esos bovinos criados en pastizales perfumados con manojos de orégano y romeros. Aún más, si acompañara al asado, junto a un buen trago de sotol, alguno de los caldillos de carne seca o ¡filete!, y las blancas, quebradizas, suavísimas tortillas de harina, y las empanadas de

Santa Rita, para terminar con sendas porciones de quesos menonitas y una prolífica variedad de "abuelos", los conos de piloncillo con almendra, cacahuates y nueces y avellanas, el maestro habría añadido: ¿Es esto incultura? ¡Comer así es arte vigoroso!

Mestizaje singular el de Chihuahua, producto de un hondo y muy arraigado proceso cultural, su cocina familiar nos ofrece ahora un encomiable recetario dividido en seis apartados. Del primero cabe subrayar el gran número de recetas para preparar todo tipo de **Antojitos y salsas** picantes, originarias tanto de Chihuahua como de otras partes del país. Respecto del segundo apartado, dedicado a **Sopas y caldos**, resultan relevantes, entre otras, la fórmula del caldillo de carne seca y la de casi un puchero chihuahuense. En tercer lugar, la sección de **Pescados, aves y carnes**, nos brinda la manera de preparar, ¡tierra adentro!, varios pescados; pollo y cerdo están bien representados y, sobre todo, carne y vísceras de res.

Sigue luego un capítulo dedicado a la **Soya**, por demás interesante, ya que constituye en sí un completo muestrario de recetas. A continuación, la sección de **Verduras** ofrece, con gran sencillez, importantes fórmulas locales para saborear elotes, chiles, papas, entre otros productos de la tierra. El cierre del recetario, el apartado final, **Panes y postres**, es soberbio. En particular el gran número de frutos del horno. Panes y panqués de los más variados sabores, sin olvidar dulces, golosinas y postres locales.

ANTOJITOS Y SALSAS

Sobre la base de maíz, debe confeccionarse la mayoría de los antojitos que componen la sección inicial. Desde un tamal con espinacas hasta unas "gorditas locas", sin faltar un budín y dos variedades de enchiladas. Vienen luego unas empanadas muy apetitosas, llamadas de Santa Rita, preparadas con harina y con azúcar. El relleno también lleva lo suyo, carne molida, cebolla picada, papas, pasas, chícharos y finas especias. canela, pimienta y clavo.

El rubro de salsas es amplio. Aunque se incluyen en él recetas cuyo origen viene de fuera del territorio, no hay que olvidar que en estas tierras norteñas cantan las lejanías. Por lo demás, la recopilación resulta provechosa. Abre una salsa sabrosa estilo Chihuahua, donde destaca la forma en que se ligan los ingredientes básicos: yemas de huevo y aceite, a manera de mayonesa, a lo que se agrega pasta de chile ancho o pasilla, y chiles serranos.

La receta para la salsa ranchera, es, quizá, la más conocida: chiles poblanos, jitomate, cebolla y ajo bien picados, con su sal. La salsa borracha lleva, como en todo el país, su jugo de naranja agria y queso añejo, además del chile pasilla y los tomates verdes asados. Menos conocida es la salsa de Mariquita, a base de aceite y caldo de pollo, a los que se suman no sólo chile —en este caso, chiles anchos—, sino especias finas, como clavo y pimienta, lo cual resulta peculiar por su exótico toque. Con el delicioso queso local se prepara una rica salsa con chiles serranos y jitomate. Dos recetas más emplean el chile piquín seco como picante. Una lleva aromáticas hierbas, tales como el orégano, laurel, mejorana y tomillo, además de ajo, aceite y vinagre. La otra, que se llama salsa de toro, integra al chile serrano seco y el chile cascabel con el piquín seco, y lleva también hierbas aromáticas en abundancia y variedad.

Con chiles pasilla, como bien sabemos, se prepara la salsa mulata; y con chiles poblanos, la salsa verde poblana, que agrega mantequilla, leche y queso. Tres lácteos, tan ricos en la entidad. Dos salsas más son a base de pepita. Una es un pipián con semillas de calabaza, maíz tostado y chile colorado; pero la otra emplea pepitas de chile pasilla y agrega vinagre y aceite, sin olvidar una ramita de perejil finamente picada. Recias salsas, muchas de ellas, creadas o adaptadas para los climas extremosos y los horizontes lejanos.

Cierra este útil apartado una receta local, la salsa brava tarahumara, que sin duda, y para no ser menos, resulta picante en verdad, pues lleva tres variedades de chile: cascabel, guajillo y de árbol. Y agrega canela, pimienta, comino, orégano, cebolla, ajo y vinagre, sin faltar su sal, al gusto.

¡Ay Chihuahua, cuánto apache de calzón blanco y huarache!

Tamal de espinacas

1	manojo de espinacas
1 k	masa de maíz
200 g	manteca de puerco
6	dientes de ajo
	Relleno
·	pollo, puerco, carne molida,
	frijoles o rajas de chile
	con queso
·	sal, al gusto

- Picar las espinacas en crudo.
- Dorar los dientes de ajo en manteca para darle sabor; retirarlos e incorporar manteca y espinacas a la masa con sal.
- Extender en una toalla desechable la tortilla de masa (cuidar que no llegue a la orilla).
- Poner el relleno: carne cocida, guisada y desmenuzada en seco o frijoles guisados y secos; enrollar y amarrar las puntas.
- Cocer en olla de presión durante 30 minutos (con un poco de agua y en la parrilla).
- Retirar la toalla desechable y rebanar el tamal.
- Servirlo con crema.
- Rinde 8 raciones.

Receta de María de Lourdes C. de Herrera

Budín azteca

250 g	calabacitas tiernas
100 g	queso añejo
75 g	mantequilla
30	tortillas de maíz
8	ramos de flor de calabaza
4	chiles poblanos
2	dientes de ajo
2	elotes grandes y tiernos
1	jitomate grande
1	rama de epazote
1/2	cebolla
1/4	litro de aceite
1/4	litro de crema
·	sal, al gusto

- Lavar y picar calabacitas, flor de calabaza, chiles y jitomate.
- Desgranar los elotes.
- Acitronar cebolla y ajo picados en aceite, agregar los elotes y tapar la cacerola durante 10 minutos.
- Añadir las verduras picadas, sazonar con sal, pimienta y la rama de epazote; dejar cocer a fuego lento en su propio jugo.
- En un molde previamente engrasado con mantequilla, colocar una capa de tortillas fritas, una de verduras y una de crema con queso; repetir hasta terminar los ingredientes.
- Meter al horno durante quince minutos (200°C).
- Rinde 10 raciones.

Receta de Blanca Rodríguez de Portilla

Gorditas locas

1 k	masa de nixtamal
1/2 k	queso
100 g	chile colorado
·	manteca
·	ajo
·	sal y pimienta, al gusto

- Batir la masa con agua, sal y pimienta; hacer gorditas chicas, freírlas en una sartén con poca grasa (pellizcarles la orilla para que queden como cazuelitas).
- Preparar el chile colorado con ajo y sal, moler y cernir; freír en manteca.
- Rallar el queso.
- Cocer las gorditas por un lado, voltearlas y ponerles un poco de chile y queso para que éste se funda.
- Rinde 10 raciones.

Receta de Teresa de Jesús V. de Gutiérrez

Enchiladas verdes

24	tortillas delgadas fritas
500 g	pollo deshebrado
250 g	queso tipo Chihuahua
200 g	chile chilaca
100 g	tomatillo
1/4	litro de crema
8	hojas de lechuga
1	aguacate grande
·	aceite
·	sal, al gusto

Salsa

250 g	tomatillo cocido en agua
2	dientes de ajo
·	cilantro
·	chile serrano
·	sal, al gusto

- ❦ Para preparar la primera salsa, licuar aguacate, chile chilaca tostado y pelado, hojas de lechuga y el tomatillo cocido con poca agua; sazonar con sal.
- ❦ Para preparar la segunda salsa, licuar el chile serrano previamente cocido en poca agua, junto con los demás ingredientes.
- ❦ Freír las tortillas, una por una, en poco aceite; pasarlas primero por la primera salsa.
- ❦ Rellenar con pollo deshebrado y acomodar en un molde refractario; verter el sobrante de la primera salsa y añadir queso rallado; hornear.
- ❦ Al servir, agregar la segunda salsa y crema.
- ❦ Acompañar con frijoles refritos.
- ❦ Rinde 8 raciones.

Receta de Guadalupe García de Chaparro

Enchiladas de doña Cuca

4 k	tortillas de maíz
1 k	manteca de puerco
1 k	queso rallado
1/2 k	chile ancho colorado
3	dientes de ajo
2	cebollas finamente picadas
·	cominos

- ❦ Cocer y moler el chile con ajo y comino; licuar y colar.
- ❦ Pasar las tortillas por el chile preparado y freírlas en manteca.
- ❦ Rellenar con un poco de queso y cebolla; enrollar y servir.
- ❦ Rinde 25 a 30 raciones.

Receta de Amalia Ponce de Shaar

Pipián de semillas de calabaza

1 k	carne de puerco
1/2 k	semillas de calabaza
150 g	maíz tostado
100 g	chile colorado
4	dientes de ajo
·	sal, al gusto

- ❦ Moler las semillas de calabaza junto con el maíz tostado y el chile colorado, agregar un poco de agua y colar.
- ❦ Verter en una olla para hervir.
- ❦ Aparte, guisar la carne, agregar la pasta, ajo y sal; dejar espesar.
- ❦ Rinde 6 raciones.

Receta de Soledad Hernández de Trejo

Empanadas de Santa Rita

2	cucharadas de aceite o manteca
1	cucharadita de tequesquite
4	tazas de harina

Relleno

500 g	carne molida
250 g	papas
100 g	chicharitos de Cambray
100 g	pasas
1	copita de vino dulce
1	cucharadita de cebolla finamente picada
·	canela en polvo
·	polvo de clavo
·	sal y pimienta, al gusto

❧ Disolver el tequesquite en agua.

❧ Dejar asentar y amasar hasta formar una pasta suave, junto con aceite y harina; extender y cortar ruedas del tamaño de una tortilla de maíz; rellenar de picadillo y dejar orear.

❧ Freír en aceite y espolvorear azúcar (deben quedar elevadas).

❧ Para preparar el relleno, freír la carne con cebolla, papas cocidas y cortadas en pedacitos, chícharos cocidos y pasas remojadas y picadas; sazonar con las especias y agregar el vino.

❧ Rinde 15 raciones.

Receta de Rosa Isela M. de Aguilar

Salsa estilo Chihuahua

2	yemas de huevo
2	chiles serranos
1	limón
1/8	litro de aceite
1/8	litro de jugo de jitomate
1	cucharadita de pasta de chile ancho o pasilla
·	sal y pimienta, al gusto

❧ Batir las yemas de huevo y agregar poco a poco aceite, jugo de limón, sal, pimienta, jugo de jitomate y la pasta de chile; mezclar.

❧ Agregar los chiles serranos picados (no debe quedar espesa).

❧ Esta salsa sirve para acompañar carnes y verduras.

❧ Rinde 6 raciones.

Salsa borracha

100 g	chiles pasilla
50 g	queso añejo
8	tomates verdes asados
1	diente de ajo
1/2	vaso de jugo de naranja agria
·	sal, al gusto

❧ Tostar ligeramente los chiles, desvenar, remojar y moler con los tomates y el diente de ajo; agregar sal y jugo de naranja.

❧ Verter en una salsera y añadir queso desmoronado.

❧ Se puede agregar pulque o tlachique.

❧ Rinde 6 raciones.

Salsa de Mariquita

300 g	jitomate
5	chiles anchos
4	cucharadas de aceite
2	dientes de ajo
1	taza de caldo de pollo
6	pimientas
2	clavos de olor
·	sal, al gusto

❦ Dorar en aceite los ajos y retirarlos.
❦ Freír los chiles asados y desvenados (previamente remojados en una taza de caldo de pollo) y los jitomates (asados y molidos con las pimientas y los clavos).
❦ Dejar hervir hasta que espese; sazonar con sal.
❦ Rinde 6 raciones.

Salsa de chile y queso

10	chiles serranos
3	jitomates
2	cebollas
200 g	queso tipo Chihuahua
1	cucharada de manteca
·	sal, al gusto

❦ Asar y moler los chiles y los jitomates.
❦ Freír en manteca caliente la cebolla finamente picada, cuando acitrone, agregar la salsa y un poco de agua; sazonar con sal
❦ Deja hervir, al comenzar a espesar, añadir queso partido en cuadritos y dejar que haga hebra.
❦ Rinde 6 raciones.

Salsa de chile piquín

250 g	chile piquín seco
1/4	litro de aceite
1/4	litro de vinagre
1/4	cucharadita de orégano
1	hoja de laurel
1	ramita de mejorana
1	ramita de tomillo
1	diente de ajo
·	sal y pimienta, al gusto

❦ Tostar ligeramente los chiles piquines y molerlos en seco con orégano, laurel, mejorana, tomillo y ajo.
❦ Mezclar con vinagre, aceite, sal y pimienta.
❦ Servir en porciones pequeñas porque es muy picante.
❦ Conservar en frascos.
❦ Rinde 6 raciones.

Salsa mulata

6	chiles pasilla
1	chile mulato
1	cebolla chica
1	diente de ajo
1/2	taza de agua hirviendo
2	cucharadas de aceite
·	sal, al gusto

❦ Tostar, desvenar, partir y remojar los chiles en agua hirviendo; dejar reposar durante una hora.
❦ Moler todos los ingredientes hasta que la salsa quede tersa.
❦ Rinde 6 raciones.

Salsa de toro

50 g	chile piquín seco
50 g	chile serrano seco
50 g	chile cascabel
6	dientes de ajo
1	pizca de semilla de cilantro
1	pizca de cominos
1/2	cucharadita de orégano
1/2	litro de vinagre
2	hojas de laurel
1	ramita de mejorana
1	ramita de tomillo
·	sal, al gusto

❦ Lavar y licuar los chiles con ajo, cebolla, semillas de cilantro, comino, orégano y sal.

❦ Poner al fuego el vinagre con tomillo, mejorana y laurel; al soltar el hervor, retirar y quitar las hierbas de olor.

❦ Añadir los chiles molidos, mezclar y dejar en reposo durante veinticuatro horas.

❦ Rinde 6 raciones.

Salsa brava tarahumara

250 g	chile cascabel
100 g	chile guajillo
50 g	chile de árbol
1/2	litro de vinagre
1	raja de canela
10	pimientas gordas
4	dientes de ajo
3	clavos de olor
2	cebollas
1	pizca de comino
1	cucharada de óregano
·	sal, al gusto

❦ Lavar y moler los chiles crudos con canela, pimienta, clavo, cebolla, ajo, comino, orégano y vinagre; sazonar con sal.

❦ Sirve para acompañar carne de res o barbacoa de carnero.

❦ Rinde 6 raciones.

Salsa de pepita

3	cucharadas de pepitas de chile (pasilla)
6	cucharadas de aceite
1	cucharada de vinagre
1	cebolla chica finamente picada
1	ramita de perejil finamente picado
·	sal y pimienta, al gusto

❦ Limpiar las pepitas de chile, dorarlas en una sartén y molerlas en metate hasta obtener una pasta; agregar aceite poco a poco.

❦ Colocar la pasta en una cazuela y batir para que esponje, añadir vinagre, sal, pimienta, cebolla y perejil.

❦ Agregar media cucharadita de azúcar para suavizar el sabor.

❦ Rinde 6 raciones.

Salsa de pimientos morrones

30 g	harina
50 g	mantequilla
5	pimientos morrones
1/4	litro de leche
·	sal y pimienta, al gusto

- ❧ Dorar harina en mantequilla (revolver para que no se queme); retirar y dejar enfriar.
- ❧ Por separado, licuar pimientos morrones con leche, colar e incorporar a la harina (revolver vigorosamente).
- ❧ Poner al fuego nuevamente la harina y la leche y dejar hervir sin dejar de revolver; sazonar con sal y pimienta.
- ❧ Servir con pescado o ensaladas.
- ❧ Rinde 8 raciones.

Salsa ranchera

150 g	jitomates
6	chiles poblanos
3	cebollas de rabo
1	diente de ajo
·	sal, al gusto

- ❧ Lavar, tostar y envolver los chiles en un lienzo húmedo; dejar reposar un rato, quitar la piel y deshebrar.
- ❧ Asar el jitomate, pelarlo y molerlo con ajo; agregar rajas de chile y sazonar con sal.
- ❧ Al final, añadir cebolla finamente picada.
- ❧ Servir con arroz, carne o pescado.
- ❧ Rinde 6 raciones.

Salsa verde poblana

10	chiles poblanos
5	chiles serranos
1	cebolla
100 g	queso añejo rallado
50 g	mantequilla
1/4	litro de crema
	sal, al gusto

- ❧ Asar los chiles, limpiarlos y molerlos con cebolla.
- ❧ Freír en mantequilla y sazonar con sal.
- ❧ Retirar de la lumbre; al soltar el hervor, agregar crema y queso.
- ❧ Con esta salsa se preparan enchiladas o se sirve con carne.
- ❧ Rinde 6 raciones.

Nuevamente se inicia el apartado con recetas sobre la base del mexicanísimo maíz. La receta del pozole de cuero de cerdo con su orégano es reconfortante y de gran antojo. La sopita de elotes y rajas, en caldo de pollo y con su crema y queso fresco, una versión de origen local, resulta sumamente apetitosa. No podía faltar una sopa de tortillas. Se advierte en la receta, sabio consejo que debía atenderse por lo menos en los restaurantes y comedores que presumen de finos, que las tortillas deben estar recién hechas; nada de aprovechar las tortillas duras de dos días, y aun las semanas, anteriores. Como elementos adicionales se incorporan, una vez más, queso, mantequilla y crema, o de preferencia jocoque.

Sigue, entre otras notables fórmulas de buenas sopas, una rica sopa azteca, de frijol, a la que al final, al estilo europeo, se agregan croûtons —pedazos de pan francés— y un huevo por persona. De influencia europea resultan también las recetas de la sopa de ajo y la de espinacas con sesos. Ajena a la montaña y a la llanura, se incluye una receta de sopa de cabezas de pescado. Viaja del litoral tierra adentro, porque resulta nutritiva y sustanciosa, a la vez que democrática.

Cierran el apartado dos recetas para caldos de carne de res, y no podía ser menos si abunda el ganado en la región. La primera, de vieja tradición ranchera, es un caldo de carne seca. Es cosa sabida que todo viajero y los habitantes del norte de México, lo saben apreciar. Más compleja y, tal vez por sus orígenes, de influencia europea, es la sopa de cola de ternera. En ella, con sus verduras en abundancia, posiblemente hemos llegado a lo que resulta un verdadero puchero chihuahuense.

Aquí está la sopa... qué espera la copa

...pinacas

- ...r las espinacas, rociarles agua y sazonar con sal al gusto.
- ...tar la membrana a los sesos, cocer, escurrir y picar finamente lo ...ismo que las espinacas.
- ...orar harina en mantequilla, añadir leche, la mitad del queso rallado, los sesos y el caldo.
- Dejar hervir unos minutos y servir caliente con un poco de queso.
- Rinde 8 raciones.

Receta de Emilia V. de Granados

...a de cabezas de pescado

- Cocer a fuego moderado cuatro cabezas de pescado, dos zanahorias peladas y rebanadas, cuatro cebollas con rabo, una hoja de laurel, doce granos de pimienta y seis dientes de ajo durante una hora; colar.
- Freír en aceite dos dientes de ajo y una cebolla (picados), agregar el tomate asado y molido y el caldo de pescado.
- Añadir dos zanahorias (peladas, cocidas y partidas en cuadritos), la papa picada, la carne de la cabeza de pescado y la lata de chiles.
- Servir con orégano y sal.
- Rinde 10 raciones.

Receta de Alicia Mata de García

...llas peladas,
...dritos)

...en cuadritos)
...o y molido
...imienta
...urel
...ueña de chiles serranos
...o
...gusto

Crema de tomate rojo

1 k	tomate rojo
75 g	mantequilla
50 g	queso
1	litro de caldo
1	ramita de perejil
2	cucharadas de harina

- Poner los tomates en agua hirviendo y quitarles el pellejo; colar.
- Derretir mantequilla a fuego suave, dorar en ella la harina.
- Incorporar jugo de tomate y revolver constantemente hasta que espese, añadir el caldo (dejar que hierva hasta que se mezcle con el jitomate), perejil y queso rallado.
- Dejar hervir unos minutos.
- Rinde 4 raciones.

Receta de Porfirio Borbón Ch.

Pozole de maíz

1 k	maíz
750 g	cuero de cerdo
1	cebolla
.	cilantro
.	cal o ceniza de encino
.	orégano
.	ajo
.	sal, al gusto

- Cocer el maíz a fuego lento con cal o ceniza de encino, una hora.
- Dejar enfriar, lavar y colocar en una olla, a fuego lento, hasta que reviente.
- Agregar carne picada en trozos pequeños, sazonar con sal, orégano, ajo, cebolla y cilantro picado.
- Rinde 8 raciones.

Receta de Lilia Enríquez

Sopa de elotes y rajas

1/4 k	queso (que haga hebra)
2	cucharadas de mantequilla
3	chiles poblanos en rajitas
2	jitomates molidos (cocidos y colados)
2	elotes desgranados en crudo
2	litros de caldo de pollo
1/4	litro de crema fresca
1	cucharada de cebolla picada
1	cucharada de fécula de maíz

- Acitronar rajas, cebolla y granos de elote en mantequilla caliente.
- Añadir fécula de maíz y los jitomates; sazonar con sal y pimienta.
- Agregar el caldo y dejar hervir hasta que las verduras estén cocidas; incorporar el queso (en pedazos) y crema.
- La sopa debe quedar caldosa.
- Rinde 8 raciones.

Receta de Margarita Brito

Sopa de tortilla

36	tortillas recién hechas
500 g	cebolla picada
500 g	tomate verde
100 g	queso rallado
50 g	mantequilla
1/2	litro de jocoque espeso o crema
2	chiles pasilla verdes en rajas
1	cucharadita de manteca

- Quitar la cara a las tortillas, rebanarlas en tiras de un cm de ancho aproximadamente.
- Aparte, cocer los tomates, escurrir y moler en metate; picar cebolla y freírla en manteca.
- Añadir la salsa de los tomates y las rajas de los chiles; dejar hervir y retirar.
- Cubrir con tortillas el fondo de una cazuela con manteca, salsa, jocoque, rajas de chile, trocitos de mantequilla y queso.
- Darle forma de torta y servir caliente.
- Rinde 8 raciones.

Receta de Beatriz Baltierra

Sopa

1 k	flor de calabaza
3	ramitas de epazot...
1	diente de ajo
1	cebolla me...
2	tazas d...
4	taz...
3	
2	
	sal y...

Sopa de es...

125 g	espinacas frescas
50 g	queso rallado
	sesera de res
1/2	litros de caldo de pollo
2	taza de leche
1/2	cucharada de mantequilla
1	cucharada rasa de harina
1	sal, al gusto

- Lav...
- Q...

Sopa

200 g	frijoles
100 g	queso rallado
6	huevos
6	rebanadas de pan tipo francés
1	cebolla
2	litros de agua
1	cucharada de orégano
.	aceite o manteca
.	sal y pimienta, al gusto

- Do...
- mism...
- Añadir h...
- ta y orégan...
- Agregar el pur...
- Servir en cazueh... queso rallado y vert...
- Romper un huevo en... (180°C) hasta que la clara...
- Rinde 6 raciones.

R...

Sopa

2 1/2	litros de agua
8	dientes de ajo
4	cabezas de pescado
4	cebollas de rabo
4	zanahorias (2 de... cocidas y en cua...
1	cebolla
1	papa cocida
1	tomate asad...
12	granos de...
1	hoja de l...
1	lata peq...
1	orégano
	sal, a...

Sopa de ajo

2	litros de caldo
24	dientes de ajo
1	ramita de tomillo
.	pan cortado en cubitos
.	queso rallado
.	sal y pimienta, al gusto

- Verter al caldo los dientes de ajo machacados, tom...
- Hervir a fuego fuerte unos minutos, colar el cald... sopera con pedazos de pan mezclados con queso ral... ligeramente.
- Dejar que el pan absorba el caldo y el queso se derrita; serv...
- Rinde 8 raciones.

Receta de Martha García Ma...

Sopas y Caldos
SOPAS Y CALDOS

Nuevamente se inicia el apartado con recetas sobre la base del mexicanísimo maíz. La receta del pozole de cuero de cerdo con su orégano es reconfortante y de gran antojo. La sopita de elotes y rajas, en caldo de pollo y con su crema y queso fresco, una versión de origen local, resulta sumamente apetitosa. No podía faltar una sopa de tortillas. Se advierte en la receta, sabio consejo que debía atenderse por lo menos en los restaurantes y comedores que presumen de finos, que las tortillas deben estar recién hechas; nada de aprovechar las tortillas duras de dos días, y aun las semanas, anteriores. Como elementos adicionales se incorporan, una vez más, queso, mantequilla y crema, o de preferencia jocoque.

Sigue, entre otras notables fórmulas de buenas sopas, una rica sopa azteca, de frijol, a la que al final, al estilo europeo, se agregan croûtons –pedazos de pan francés– y un huevo por persona. De influencia europea resultan también las recetas de la sopa de ajo y la de espinacas con sesos. Ajena a la montaña y a la llanura, se incluye una receta de sopa de cabezas de pescado. Viaja del litoral tierra adentro, porque resulta nutritiva y sustanciosa, a la vez que democrática.

Cierran el apartado dos recetas para caldos de carne de res, y no podía ser menos si abunda el ganado en la región. La primera, de vieja tradición ranchera, es un caldo de carne seca. Es cosa sabida que todo viajero y los habitantes del norte de México, lo saben apreciar. Más compleja y, tal vez por sus orígenes, de influencia europea, es la sopa de cola de ternera. En ella, con sus verduras en abundancia, posiblemente hemos llegado a lo que resulta un verdadero puchero chihuahuense.

Aquí está la sopa... qué espera la copa

Pozole de maíz

1 k	maíz
750 g	cuero de cerdo
1	cebolla
.	cilantro
·	cal o ceniza de encino
·	orégano
·	ajo
.	sal, al gusto

❦ Cocer el maíz a fuego lento con cal o ceniza de encino, una hora.

❦ Dejar enfriar, lavar y colocar en una olla, a fuego lento, hasta que reviente.

❦ Agregar carne picada en trozos pequeños, sazonar con sal, orégano, ajo, cebolla y cilantro picado.

❦ Rinde 8 raciones.

Receta de Lilia Enríquez

Sopa de elotes y rajas

1/4 k	queso (que haga hebra)
2	cucharadas de mantequilla
3	chiles poblanos en rajitas
2	jitomates molidos (cocidos y colados)
2	elotes desgranados en crudo
2	litros de caldo de pollo
1/4	litro de crema fresca
1	cucharada de cebolla picada
1	cucharada de fécula de maíz

❦ Acitronar rajas, cebolla y granos de elote en mantequilla caliente.

❦ Añadir fécula de maíz y los jitomates; sazonar con sal y pimienta.

❦ Agregar el caldo y dejar hervir hasta que las verduras estén cocidas; incorporar el queso (en pedazos) y crema.

❦ La sopa debe quedar caldosa.

❦ Rinde 8 raciones.

Receta de Margarita Brito

Sopa de tortilla

36	tortillas recién hechas
500 g	cebolla picada
500 g	tomate verde
100 g	queso rallado
50 g	mantequilla
1/2	litro de jocoque espeso o crema
2	chiles pasilla verdes en rajas
1	cucharadita de manteca

❦ Quitar la cara a las tortillas, rebanarlas en tiras de un cm de ancho aproximadamente.

❦ Aparte, cocer los tomates, escurrir y moler en metate; picar cebolla y freírla en manteca.

❦ Añadir la salsa de los tomates y las rajas de los chiles; dejar hervir y retirar.

❦ Cubrir con tortillas el fondo de una cazuela con manteca, salsa, jocoque, rajas de chile, trocitos de mantequilla y queso.

❦ Darle forma de torta y servir caliente.

❦ Rinde 8 raciones.

Receta de Beatriz Baltierra

Sopa de flor de calabaza

1 k	flor de calabaza
3	ramitas de epazote
1	diente de ajo
1	cebolla mediana
2	tazas de caldo de pollo
4	tazas de leche
3	cucharadas de crema
2	cucharadas de aceite
·	sal y pimienta blanca, al gusto

❧ Arrancar las hojas y los tallos y sólo utilizar las flores; lavarlas con agua fría y picarlas.

❧ Acitronar cebolla y ajo en aceite, añadir hojas de epazote picadas y la flor de calabaza.

❧ Dejar 15 minutos más en la cacerola tapada, a fuego moderado.

❧ Separar parte de la flor acitronada para adorno y licuar el resto con caldo; verter en la cacerola y añadir leche.

❧ Sazonar con sal y pimienta, dejar a fuego lento sin que hierva.

❧ Servir con crema y adornar con la flor que se reservó.

❧ Rinde 6 raciones.

Receta de María de los Ángeles M. de Vázquez

Sopa azteca de frijoles

200 g	frijoles
100 g	queso rallado
6	huevos
6	rebanadas de pan tipo francés
1	cebolla
2	litros de agua
1	cucharada de orégano
·	aceite o manteca
·	sal y pimienta, al gusto

❧ Remojar los frijoles durante doce horas; hervirlos hasta que estén tiernos, escurrir y dejar aparte el caldo, licuar y colar.

❧ Dorar rebanadas de pan en una cacerola con grasa, retirar y, en esa misma manteca, dorar cebolla previamente picada.

❧ Añadir litro y medio del agua de los frijoles, sazonar con sal, pimienta y orégano.

❧ Agregar el puré de frijoles y hervir suavemente hasta que espese.

❧ Servir en cazuelitas individuales con una rebanada de pan, añadir queso rallado y verter encima la sopa.

❧ Romper un huevo en cada cazuelita, sazonar con sal y hornear (180°C) hasta que la clara de huevo cuaje.

❧ Rinde 6 raciones.

Receta de Luz Elena Cano de Ahumada

Sopa de ajo

2	litros de caldo
24	dientes de ajo
1	ramita de tomillo
·	pan cortado en cubitos
·	queso rallado
·	sal y pimienta, al gusto

❧ Verter al caldo los dientes de ajo machacados, tomillo, sal y pimienta.

❧ Hervir a fuego fuerte unos minutos, colar el caldo y verter en una sopera con pedazos de pan mezclados con queso rallado y dorados ligeramente.

❧ Dejar que el pan absorba el caldo y el queso se derrita; servir.

❧ Rinde 8 raciones.

Receta de Martha García Mata

Sopa de espinacas

125 g	espinacas frescas
50 g	queso rallado
1/2	sesera de res
2	litros de caldo de pollo
1/2	taza de leche
1	cucharada de mantequilla
1	cucharada rasa de harina
·	sal, al gusto

❦ Lavar las espinacas, rociarles agua y sazonar con sal al gusto.

❦ Quitar la membrana a los sesos, cocer, escurrir y picar finamente lo mismo que las espinacas.

❦ Dorar harina en mantequilla, añadir leche, la mitad del queso rallado, los sesos y el caldo.

❦ Dejar hervir unos minutos y servir caliente con un poco de queso.

❦ Rinde 8 raciones.

Receta de Emilia V. de Granados

Sopa de cabezas de pescado

2 1/2	litros de agua
8	dientes de ajo
4	cabezas de pescado
4	cebollas de rabo
4	zanahorias (2 de ellas peladas, cocidas y en cuadritos)
1	cebolla
1	papa cocida (en cuadritos)
1	tomate asado y molido
12	granos de pimienta
1	hoja de laurel
1	lata pequeña de chiles serranos
·	orégano
·	sal, al gusto

❦ Cocer a fuego moderado cuatro cabezas de pescado, dos zanahorias peladas y rebanadas, cuatro cebollas con rabo, una hoja de laurel, doce granos de pimienta y seis dientes de ajo durante una hora; colar.

❦ Freír en aceite dos dientes de ajo y una cebolla (picados), agregar el tomate asado y molido y el caldo de pescado.

❦ Añadir dos zanahorias (peladas, cocidas y partidas en cuadritos), la papa picada, la carne de la cabeza de pescado y la lata de chiles.

❦ Servir con orégano y sal.

❦ Rinde 10 raciones.

Receta de Alicia Mata de García

Crema de tomate rojo

1 k	tomate rojo
75 g	mantequilla
50 g	queso
1	litro de caldo
1	ramita de perejil
2	cucharadas de harina

❦ Poner los tomates en agua hirviendo y quitarles el pellejo; colar.

❦ Derretir mantequilla a fuego suave, dorar en ella la harina.

❦ Incorporar jugo de tomate y revolver constantemente hasta que espese, añadir el caldo (dejar que hierva hasta que se mezcle con el jitomate), perejil y queso rallado.

❦ Dejar hervir unos minutos.

❦ Rinde 4 raciones.

Receta de Porfirio Borbón Ch.

Caldillo de carne seca

750 g	carne seca
600 g	tomate (jitomate)
500 g	papas
1 1/2	litros de caldo
3	dientes de ajo
1	cebolla grande
6	cucharadas de aceite
2	cucharadas de cilantro picado
·	sal y pimienta, al gusto

❦ Remojar la carne seca en agua tibia durante una hora, cambiar el agua y dejar remojar otra hora; cambiar el agua por tercera vez (tallar la carne para que suelte la sal).

❦ Secar con un lienzo, hornear a calor regular (350°C) y dejarla dorar hasta que quede seca.

❦ Machacar en molcajete hasta que quede en pedazos chicos.

❦ Freír la carne en aceite caliente, agregar la cebolla y los dientes de ajo finamente picados; dejar acitronar y añadir cilantro y tomate (picados).

❦ Incorporar las papas crudas cortadas en cuadritos, caldo, sal y pimienta; hervir a fuego lento hasta que las papas estén cocidas.

❦ Agregar más caldo, en caso necesario; servir caliente.

❦ Rinde 6 raciones.

Receta de Elena I. Lugo

Sopa de cola de ternera

1	cola de ternera
100 g	calabazas
100 g	ejotes
100 g	zanahorias
2	dientes de ajo
1	cebolla
1	nabo
1	papa
1	tomate grande
1 1/2	litros de agua
·	aceite
·	hierbas de olor
·	sal y pimienta, al gusto

❦ Cocer la cola de ternera con sal y hierbas de olor; espumar el caldo.

❦ Agregar las verduras y, cuando están cocidas, picarlas en cuadritos lo mismo que la cola de ternera.

❦ Acitronar ajo y cebolla finamente picada, agregar las verduras y freírlas, añadir el tomate molido y, al final, la cola picada, el caldo colado, sal y pimienta.

❦ Rinde 6 raciones.

Receta de Alicia Mata de García

Pescados, Aves y Carnes

PESCADOS, AVES Y CARNES

Al parecer, poco podría decirse respecto a pescados y mariscos en una entidad rodeada de tierra. Pero Chihuahua sabe recibir igual que sabe dar. Y así, la mesa familiar chihuahuense nos proporciona las seis recetas que abren esta sección sobre la base de especies acuáticas. Es conveniente que destaquemos, por su originalidad y valor nutritivo, la de tasajo de lubina (o lobina) negra. La verdad es que se emplea la misma técnica de salado que para la carne, pero aprovechando tan rico pez.

Un pastel de pollo, con chile chilaca asado y pisos de tortillas de maíz, todo al horno, con su queso y crema, hacen una espléndida cena en familia. La receta de pollo ranchero se realza con una presentación vistosa y agradable, pues las raciones se bañan con la salsa, se adosan luego hojas de lechuga y finalmente se ponen encima tortillas dobladas y rajitas de chipotle.

La abundante producción local de nueces de Castilla y cacahuate permite un lujoso plato de gallina en nogada, con chile ancho por picante. Exclusivamente nuez lleva la receta de pechuga con salsa de nuez, también con chile ancho colorado. De aire europeo resulta el conejo en gelatina, fórmula que permite conservar el alimento por mayor tiempo. Esta receta requiere agregar un vasito de cognac, lo que la hace más cara pero muy sabrosa.

Buena atención recibe el cerdo con media docena de recetas, algunas ciertamente populares. Desde platillos de cerdo con verdolagas o con nopalitos, hasta grandes piernas mechadas, con un caudal de ricos ingredientes: ciruelas pasas, tocino, jamón, ajo, aceitunas, pimientas, etc. Con todo, las humildes pacholas molidas en su metate, que en esta ocasión incluyen chorizo y su harina de trigo, resultan por igual atractivas. Lo mismo sucede con las albóndigas explosivas. Mezclan carne de res y de puerco y emplean no sólo chile chipotle, sino una salsa a base de guajillos asados.

Con sabor local, muy norteño, se presenta la receta de la ubre en chile colorado; carne y vísceras se obtienen frescas fácilmente en estas regiones ganaderas. Lo mismo puede decirse respecto a la lengua (de res) en pipián. Viene luego un guisado de abigeo. Este último, de nombre tan descriptivo, lleva chile pasilla negro y chile mirasol y no es otra cosa que carne seca frita en manteca de cerdo.

Cierran el apartado dos recetas: la barbacoa de olla y la carne esmeralda. La primera resulta práctica y original, pues emplea el corte de cachete y agrega manzana local, apio, chocolate y tequila. La segunda, más elaborada, se prepara a base de jamón y lomo de puerco e incorpora un buen surtido de verduras.

Con tanta carne, Enriqueta, no entiendo por qué la dieta

Entremés de atún

3	latas de atún desmenuzado
1	lata de pimientos morrones
1	taza de aceitunas picadas
1	taza de apio picado
1	taza de consomé de pollo
1	taza de mayonesa
2	sobres de gelatina sin sabor

❦ Diluir la gelatina en caldo, mezclar con atún desmenuzado, apio, pimientos morrones (picados), aceitunas y mayonesa.

❦ Verter en molde de corona y refrigerar.

❦ Rinde 15 raciones.

Receta de Patricia Fernández de L.

Cangrejo a la mantequilla

1 k	colas de cangrejo
90 g	mantequilla
1/2	limón
·	sal y pimienta, al gusto

❦ Pelar las colas de cangrejo y freírlas en mantequilla.

❦ Agregar sal, pimienta y jugo de limón.

❦ Tapar la cacerola durante diez minutos.

❦ Rinde 6 raciones.

Receta de Xóchitl Hermosillo Villegas

Bacalao económico

1 k	papa
7	tomates rojos
9	aceitunas
3	tiras de apio
2	cebollas
1/4	aceite de oliva
·	alcaparras
·	chile, al gusto
·	machaca de pescado
·	perejil

❦ Remojar la machaca y enjuagar; picar cebolla y tomate, freír.

❦ Picar la papa muy finita y agregarla junto con la machaca y el apio.

❦ Cocinar a fuego lento durante una hora

❦ Servir con pan blanco.

❦ Rinde 10 a 12 raciones.

Receta de María Esther Parra de Balcázar

Tasajo de lobina negra

1 k   pescado (lobina)

     sal, al gusto

❦ Cortar el pescado en filetes.

❦ Salar y secar a la sombra durante tres días.

❦ El pescado seco se puede comer tostado, al horno, como machaca, frito con chile, tomate y cebolla picados, o como botana chicharronera, acompañado de una salsa.

❦ Rinde 6 raciones.

Receta de Xóchitl Hermosillo Villegas

Pescado capeado a la boquilla

1 k   pescado cazón

250 g   manteca o aceite

3   huevos

1 1/2   limones

1   taza de harina

1 1/2   cucharadas de sal

1   cucharadita de pimienta molida

❦ Quitar la piel al pescado, cortar en filetes a lo largo, de cola a cabeza, por ambos lados, incluyendo las costillas; sacar dos filetes por cada sección.

❦ Cortar los filetes en dos partes, a lo largo; enharinarlos y sazonarlos con sal y pimienta.

❦ Batir las claras de huevo a punto de turrón, agregar las yemas y limón; meter ahí el pescado.

❦ Freír el pescado a fuego suave, por ambos lados.

❦ Servir con limón y ensalada.

❦ Rinde 6 raciones.

Receta de Xóchitl Hermosillo Villegas

Filete de pescado estilo plaza

8   rebanadas de pescado

1   huevo

1   taza de harina

1   taza de leche

2   cucharadas de caldo de pollo (granulado)

1   cucharadita de pimienta molida

1   cucharadita de polvo para hornear

   aceite

❦ Cernir el caldo de pollo, harina, polvo para hornear y pimienta.

❦ Moler y mezclar con los huevos y la leche hasta quedar una pasta tersa, dejar reposar 15 minutos.

❦ Enharinar las rebanadas de pescado y sumergirlas en la preparación anterior; freír a fuego lento, retirar y escurrir sobre papel absorbente.

❦ Servir con ensalada.

❦ Rinde 8 raciones.

Receta de Aurora L. de Matus

Pastel de pollo

1	pollo grande
1 k	tortillas de maíz
500 g	queso menonita rallado
1/4	litro de crema
3	tazas de agua
1/2	cebolla
1	tomate grande
·	aceite
·	chiles chilaca asados (en tiras)
·	sal y pimienta, al gusto

♥ Cocer el pollo y reservar el caldo; desmenuzar y freír con cebolla, tomate, sal, pimienta y un chile chilaca picado.

♥ Freír las tortillas en aceite caliente, voltearlas dos veces para que queden duras; escurrir y quitar el exceso de aceite con servilletas.

♥ En un recipiente refractario rectangular colocar capas sucesivas de tortillas, pollo, queso rallado y chile en tiras (la última capa debe ser de tortillas, chile, queso y crema).

♥ Verter taza y media de caldo para que no quede seco.

♥ Hornear hasta que el queso gratine.

♥ Rinde 8 raciones.

Receta de Aída G. de Orduño

Pollo ranchero

1	pollo en piezas (800 g)
3/4 k	jitomates
5	tortillas delgadas fritas
1	diente de ajo picado
1	lechuga
6	cucharadas de salsa de soya
3	cucharadas de cebolla picada
2	cucharadas de vinagre de chile chipotle
1/4	cucharada de orégano
1	cucharadita de epazote picado
1	cucharadita de manteca
·	sal, al gusto

♥ Sancochar el pollo en manteca, añadir cebolla, ajo y epazote; dejar acitronar; agregar jitomate, salsa de soya, orégano, vinagre y sal.

♥ Colocar las raciones en un platón redondo y bañar con la salsa.

♥ Servir con lechuga, tortillas dobladas y chiles chipotle.

♥ Rinde 6 raciones.

Receta de Leticia I. Ruvalcaba Vega

Gallina en nogada

1	gallina grande
50 g	cacahuates pelados
50 g	mantequilla
50 g	nueces
1	pieza de pan blanco
1	raja de canela
2	cebollas
2	clavos de olor
2	dientes de ajo
3	pimientos morrones
4	chiles anchos colorados
3/4	litro de caldo
·	sal y pimienta, al gusto

♥ Freír pan, cacahuates y nueces en la mitad de la mantequilla.

♥ Moler con especias, ajo, cebolla, chiles (asados, desvenados y remojados), pimientos morrones y caldo.

♥ Freír en la mantequilla restante y sazonar con sal y pimienta.

♥ Al soltar el hervor, incorporar la gallina (cocida en tres tazas de agua) partida en raciones.

♥ Sazonar con sal y pimienta y dejar hervir hasta que la salsa espese .

♥ Rinde 6 raciones.

Receta de Ma. Teresa Gómez Licón

Chihuahua

Pechuga en salsa de nuez

8	pechugas
2	chiles anchos colorados
1	taza de nuez
1/4	taza de ciruelas pasas
·	aceite

🌱 Cocer la carne.

🌱 Freír las nueces y retirar de la sartén; freír las ciruelas pasas y retirar, freír ligeramente el chile; licuar estos ingredientes.

🌱 Hervir lo licuado con caldo de pollo y dejar espesar.

🌱 Incorporar las pechugas.

🌱 Rinde 8 raciones.

Receta de Ma. de Lourdes C. de Herrera

Conejo en gelatina

1	conejo tierno (1.3 k)
3	cebollitas
3	zanahorias pequeñas
1/2	diente de ajo
3/4	litro de caldo
1	copa de coñac
3	cucharadas de aceite
·	berros
·	tomillo y laurel
·	sal y pimienta, al gusto

🌱 Calentar aceite en una cazuela y reahogar el conejo cortado en trozos, revolver; añadir cebollas y zanahorias trinchadas, salpimentar; agregar hierbas de olor y ajo prensado.

🌱 Humedecer el conejo con caldo.

🌱 Tapar y dejar cocer dos horas y media, a fuego suave.

🌱 Deshuesar el conejo y colocar los trozos en un recipiente.

🌱 Añadir coñac al jugo, colar y verter sobre el conejo.

🌱 Dejar en sitio fresco durante veinticuatro horas.

🌱 Servirlo acompañado de berros.

🌱 Rinde 8 raciones.

Receta de Patricia Díaz de A.

Carne de cerdo con verdolagas

1/2 k	carne de cerdo cocida en trozos
1/2 k	verdolagas cocidas y escurridas
300 g	tomate cocido
4	chiles verdes
3	dientes de ajo
1/4	cebolla
3	cucharadas de aceite
2	cucharadas de caldo de pollo
1	lata de media crema

🌱 Licuar los tomates con los chiles, ajo y cebolla.

🌱 Añadir aceite y dejar sazonar.

🌱 Agregar caldo de pollo, carne de cerdo y verdolagas.

🌱 Dejar hervir dos minutos y añadir la crema; servir.

🌱 Rinde 6 raciones.

Receta de Josefina Ortiz T.

Nopalitos con cerdo

10	pencas de nopal tierno
1 k	carne de cerdo
5	papas chicas
4	cucharadas de aceite
3	chiles guajillo
3	chiles pasilla
2	dientes de ajo
1	cebolla chica
·	sal, al gusto

❦ Limpiar los nopalitos y cocerlos en agua hirviendo, agregar sal, retirar del fuego; escurrir, enjuagar y tapar con un lienzo húmedo, enfriar y cortar en cuadritos.

❦ Cocer la carne partida en trozos con cebolla, sal y ajo; freírla.

❦ Lavar y cocer las papas en agua hirviendo; pelar y partir en cuadritos.

❦ Desvenar, dorar y remojar los chiles en agua caliente; moler con ajo, sal y un poco de caldo.

❦ Freír el chile en aceite caliente, agregar la carne y el resto del caldo, los nopalitos y las papas; dejar hervir.

❦ Rinde 8 raciones.

Receta de Irma Márquez de Ramírez

Pierna mechada

1	pierna de puerco (3 a 4 k)
1/4 k	jamón
1/4 k	tocino
1/4 k	zanahorias (peladas, cocidas y en cuadritos)
8	ajos mechados
1	taza de ciruelas pasas (deshuesadas)
1	taza de mostaza
2	cucharadas de sal
1	cucharadita de pimienta molida
·	aceitunas picadas
·	papel aluminio

❦ Picar la pierna de puerco e introducir los ingredientes para mechar.

❦ Cubrirla con mostaza, sal y pimienta.

❦ Meterla al horno tapada con papel aluminio durante 3 horas.

❦ Quitar el papel aluminio y dejarla dorar.

❦ Rebanar en frío con cuchillo eléctrico y servir.

❦ Rinde 18 a 24 raciones.

Receta de Dolores Martínez de V.

Pacholas

500 g	carne molida (pierna)
3	tiras grandes de chorizo
1/2	taza de harina de trigo
1/2	litro de aceite

❦ Moler la carne y el chorizo en metate (se puede utilizar también el picador), agregar harina hasta que tenga consistencia de pasta.

❦ Formar bolitas de carne de tamaño mediano y extenderlas con el palote sobre una base enharinada, hasta que adquieran forma de bistec (se puede utilizar la prensa para tortillas).

❦ Enharinarlas y freírlas en aceite caliente; servir.

❦ Rinde 4 raciones.

Receta de Georgina V. de Aguilera

Albóndigas explosivas

1 k	carne molida (mitad puerco y mitad res)
1/4 k	arroz cocido
100 g	chicharrón (molido)
2	chiles chipotle
2	huevos
2	tomatillos
1	diente de ajo
1	cucharada de cebolla
2	cucharadas de consomé en polvo
1	cucharada de hierbabuena fresca

Caldillo

4	chiles guajillo (asados y remojados en agua)
3	jitomates
1	diente de ajo
1	cucharada de cebolla
1	cucharada de consomé en polvo

♥ Mezclar carne, arroz y chicharrón; reservar.

♥ Licuar huevos, chile chipotle, tomatillos, hierbabuena, ajo, cebolla y consomé; agregar a la carne que se reservó, formar las albóndigas.

♥ Para preparar el caldillo, licuar chiles guajillo (asados y remojados en agua), cebolla, ajo, jitomates y consomé; colar y freír.

♥ Incorporar las albóndigas y dejar hervir (no deben resecarse).

♥ Rinde 6 raciones.

Receta de Delia Aguilar de P.

Guisado de abigeo

1/2 k	carne seca
200 g	chile mirasol
5	chiles pasilla
1/2	cebolla
12	dientes de ajo
·	cominos

♥ Cocer los chiles y licuar con cebolla, ajo, comino y un poco de agua.

♥ Colar y verter sobre la carne previamente frita en manteca de cerdo.

♥ Hervir y sazonar con sal al gusto.

♥ Rinde 6 raciones.

Receta de Ma. Lourdes C. de Herrera

Ubre en chile colorado

1 k	ubre
3	dientes de ajo
1	cebolla mediana
3	tazas de agua
·	manteca
·	orégano y sal, al gusto

♥ Cocer la ubre durante dos horas y cortar en cuadritos.

♥ Licuar el chile remojado con cebolla y ajo; freír en manteca.

♥ Agregar la ubre y hervir cinco minutos; añadir orégano y sal y dejar hervir diez minutos más.

♥ Rinde 6 raciones.

Receta de Patricia González de Castro

Lengua en pipián

1 k lengua de res
350 g harina de maíz
350 g semilla de calabaza
250 g cacahuate molido
150 g chile colorado
3 tazas de agua
· hojitas de laurel
· sal, al gusto

❦ Cocer la lengua con hojitas de laurel y sal.
❦ Cocer las semillas de calabaza, licuar y colar; agregar chile molido con bastante ajo y colado.
❦ Disolver harina de maíz en agua y agregar junto con los cacahuates molidos y las semillas.
❦ Poner al fuego y, al empezar a hervir, reducirlo y dejar cocer durante dos horas (revolver constantemente).
❦ Freír y añadir un poco de caldo, agregar la lengua rebanada y dejar hervir unos minutos más.
❦ Rinde 6 raciones.

Receta de Rosario Álvarez Chaparro

Chambarete con mostaza

1 k chambarete
1 taza de caldo
1 cucharada de manteca de puerco
· ajo
· cebolla
· chile California (en tiras)
· mostaza
· sal y pimienta, al gusto

❦ Untar mostaza a los chambaretes y dejar reposar una hora.
❦ Freírlos en manteca en una olla de presión, agregar rodajas de cebolla, dientes de ajo picados, sal y pimienta.
❦ Sancochar un rato y agregar el caldo; cocer durante 30 minutos.
❦ Servir con tiritas de chile California, arroz blanco y ensalada.
❦ Rinde 6 raciones.

Receta de Victoria Mariscal E.

Barbacoa de olla

3 k carne de cachete
1 k papa
1 k zanahoria
450 g jugo de tomate
1/2 k manzana
1/4 k apio
2 tazas de agua
1 copita de tequila
1 tableta de chocolate amargo
· hojitas de laurel
· sal y pimienta

❦ Lavar la carne y ponerla a hervir en una olla con agua; al empezar a hervir, agregar los demás ingredientes y taparla para dejar cocer a fuego lento, durante cuatro horas.
❦ Rinde 15 raciones.

Receta de Irma Mendoza de Álvarez

Carne esmeralda

800 g   lomo de puerco
500 g   papas
100 g   chícharos
50 g   aceitunas
50 g   jamón
50 g   mantequilla
30 g   manteca
5   chiles poblanos
5   pepinos grandes
3   zanahorias chicas
1   cebolla
3/4   litro de caldo
1/8   litro de crema
·   jamón del diablo (lata chica)
·   aceite
·   sal y pimienta, al gusto

- Freír en manteca el lomo mechado con jamón, agregar los chiles asados, desvenados, molidos con cebolla y disueltos en caldo; sazonar con sal y pimienta y dejar hervir.
- Al espesar, añadir jamón del diablo mezclado con un poco de caldo, dejar hervir hasta que la carne se suavice y la salsa espese.
- Retirar y agregar crema.
- Colocarla en un platón, alrededor acomodar unas canastitas de pepino (partir a la mitad los pepinos, ahuecarlos con cuidado con la punta de un cuchillo fino, mondar en tiras y dejar una con cáscara y otra mondada).
- Poner en agua con sal durante una hora, escurrir y rellenar con la pulpa mezclada con la mitad de las papas cocidas, zanahorias y chícharos.
- Adornar las canastitas con un pompón de puré (sacado con duya) y una aceituna.
- Para preparar el puré, prensar las papas cocidas, mezclar mantequilla, un poco de leche, sal y pimienta.
- Rinde 6 a 8 raciones.

Receta de Ma. Teresa Flores de B.

La producción de soya en territorio chihuahuense, cultivo que ha recibido atención especial, permitió la incorporación de una sección específica en nuestro recetario, verdaderamente recomendable.

Se trata, en realidad, de un complejo muestrario de recetas para comer bien. Incluye, así, desde algunos antojos hasta un mole oaxaqueño. En casi todas las recetas el ingrediente central es la proteína de soya texturizada. Se pueden confeccionar, de tal modo, igual un ceviche proteínico que unas nutrisardinas, o unos huevos revueltos a la mexicana, con su chile, jitomate y cebolla picados, siempre con una estudiada dosis de soya. El cultivo de esta planta, como se sabe, ha adquirido gran importancia en el país; a más de la posibilidad de utilizarse en múltiples aprovechamientos, en la alimentación humana suma la ventaja de ofrecer una dieta nutritiva y, por su capacidad sustitutiva y de adaptación, de varios sabores.

La soya es también recomendable en recetas tan familiares como un entomatado al chipotle, un picadillo, carnitas, soya pibil, unas superalbóndigas, machaca de soya y la pieza fuerte, el plato de resistencia, un mole oaxaqueño para todos. Estos platillos permiten una dieta barata, rica en proteínas, según se podrá observar, y no por ello dejan de ser apetitosos.

Con la soya estás seguro; alimento es del futuro

Ceviche con soya

2	tazas de proteína de soya texturizada
2	litros de agua
1/4	taza de vinagre
10	cucharadas de aceite
6	jitomates picados
6	limones (jugo)
4	dientes de ajo picados
1	manojo de cilantro picado
1	manojo de perejil (finamente picado)
1	latita de chiles jalapeños en rajas (picados)
·	aceite
·	sal y pimienta blanca, al gusto
·	cebollitas de Cambray (finamente picadas)

❦ Remojar la proteína de soya en dos litros de agua (caliente o fría) durante media hora.

❦ Exprimir, picar y freír en aceite durante tres minutos; dejar enfriar.

❦ Incorporar los demás ingredientes y servir con galletas saladas.

❦ Rinde 12 raciones.

Picadillo del Bajío

1/2 k	carne de res molida
3	tazas de proteína de soya texturizada
2	chiles verdes picados
2	zanahorias picadas
1	cebolla mediana picada
1	diente de ajo
1	jitomate picado
1	papa cocida y picada
1	litro de agua con el jugo de un limón
·	aceite
·	sal y pimienta, al gusto

❦ Remojar la proteína de soya en agua con jugo de limón durante media hora; exprimir y pcar en pedazos pequeños.

❦ Mezclar la soya con la carne y sazonar con sal y pimienta.

❦ Freír cebolla, ajo, chile y jitomate y dorar bien.

❦ Añadir la mezcla de soya con carne, papas y zanahorias.

❦ Cocer durante diez minutos a fuego lento.

❦ Rinde 6 raciones.

Entomatado al chipotle

1/2 k	tomates verdes
3	tazas de proteína de soya texturizada
2	dientes de ajo
1	cebolla grande
1	limón pequeño
1	litro de agua
1	latita de chiles chipotle
·	aceite
.	hierbas de olor
·	sal, al gusto

❦ Remojar la proteína de soya en agua con jugo de limón durante media hora, exprimirla y freírla en aceite; sazonar con sal.

❦ Rebanar los tomates en cuadritos y freírlos con cebolla y ajo finamente picados, agregar el chile chipotle picado y hierbas de olor.

❦ Dejar cocer, sazonar con sal y añadir la soya frita; cocer durante 15 minutos aproximadamente o hasta que espese un poco.

❦ Rinde 6 raciones.

Huevos revueltos a la mexicana

1 1/2	tazas de agua o leche
1	taza de cebolla (finamente picada)
6	huevos batidos
8	chiles verdes serranos (finamente picados)
2	jitomates
6	cucharadas soperas de harina de soya integral
·	aceite
·	sal, al gusto

❦ Poner en un recipiente taza y media de agua o leche, añadir seis cucharadas de harina de soya integral y revolver hasta que quede una mezcla uniforme y líquida.

❦ Incorporar seis huevos y batir nuevamente; agregar sal al gusto.

❦ Acitronar cebolla, chiles serranos y jitomates (picados) en aceite.

❦ Incorporar la mezcla de huevos con la harina de soya integral y revolver constantemente; freír a fuego lento.

❦ Rinde 6 raciones.

Carnitas de soya

3	tazas de proteína de soya texturizada
2	cucharadas de cebolla picada
1	diente de ajo picado
1	cucharada de consomé en polvo
1	naranja (el jugo y la cáscara de media naranja)
1	litro de agua con el jugo de un limón
·	manteca de cerdo
·	sal, al gusto

❦ Remojar la proteína de soya durante media hora en agua con jugo de limón; exprimir.

❦ Freír en manteca, cebolla y ajo; agregar la soya y sazonar con consomé y sal.

❦ Añadir jugo y cáscara de naranja, dejarla dorar y retirarla.

❦ Servir con tortillas y salsa de chile.

❦ Rinde 6 raciones.

Soya pibil

3	tazas de proteína de soya texturizada
2	hojas de laurel
1/2	cebolla picada finamente
3	jitomates
2	dientes de ajo
1	cebolla rebanada delgada
1/2	tableta de achiote
2	cucharadas de vinagre
1	litro de agua
1/2	taza de jugo de naranja
·	manteca de cerdo
·	tomillo y mejorana
·	sal y pimienta, al gusto

❧ Remojar la proteína de soya en agua durante media hora, exprimir (si desea reducir el tiempo de remojo, utilizar agua caliente); agregar laurel, jugo de un limón y sal.

❧ Añadir la proteína de soya y hervir durante cinco minutos; enjuagar con agua fría.

❧ Acitronar la cebolla rebanada en un poco de manteca, reservar.

❧ Freír en la manteca restante cebolla y ajo finamente picados; añadir la soya exprimida, sazonada con sal y pimienta molida.

❧ Freír hasta que la soya adquiera un tono dorado uniforme.

❧ Licuar jitomate, jugo de naranja, vinagre y achiote, añadir agua en caso necesario.

❧ Freír la mezcla en manteca y sazonar con sal y pimienta.

❧ Incorporar la soya a la salsa y hervir durante 15 minutos, por último, añadir cebolla acitronada y revolver; servir caliente.

❧ Rinde 6 raciones.

Nutrisardinas

3	tazas de proteína de soya texturizada
1/2	cebolla picada
1	lata de sardinas en salsa de tomate
1	litro de agua con el jugo de un limón
·	aceite
·	sal, al gusto

❧ Remojar la proteína de soya durante media hora en agua con jugo de limón; exprimir.

❧ Freír cebolla en un poco de aceite hasta transparentar; agregar la soya y freírla; incorporar las sardinas y media taza de agua.

❧ Sazonar con sal al gusto; revolver y dejar a fuego lento durante unos minutos.

❧ Rinde 6 raciones.

Machaca de soya

3	tazas de proteína de soya texturizada
3	huevos
3	jitomates picados
2	dientes de ajo picados
1	limón
1/2	cebolla picada
1/2	taza de cilantro picado
1	litro de agua
·	aceite
·	chiles verdes
·	sal, al gusto

❧ Remojar la proteína de soya en un litro de agua con jugo de limón durante media hora; exprimir.

❧ Freír en aceite caliente una parte de la cebolla y un diente de ajo finamente picado; añadir la soya exprimida, freír y sazonar al gusto.

❧ Batir ligeramente los huevos, agregar una pizca de sal y freírlos (dejarlos tiernos); añadirlos a la soya frita y revolver.

❧ Freír en poco aceite el resto de la cebolla picada, el diente de ajo, chiles y jitomates picados, hasta espesar.

❧ Sazonar al gusto, agregar la salsa a la soya y revolver; añadir cilantro y dejar un rato a fuego lento.

❧ Rinde 6 raciones.

Mole oaxaqueño

1/2 k	pasta de mole de Oaxaca
3	tazas de proteína de soya texturizada
1	diente de ajo
1	tortilla dorada partida
1/2	cebolla picada
1	litro de caldo de pollo
1/2	litro de agua
·	ajonjolí tostado
·	aceite
.	frijoles
.	tortillas
·	sal, al gusto

❦ Remojar la proteína de soya durante media hora; exprimir; freírla con sal hasta dorar.

❦ Licuar la pasta de mole, cebolla, ajo, la tortilla partida en pedazos y una taza de caldo de pollo

❦ Verter la mezcla del mole en una olla y añadir el resto del caldo.

❦ Dejar hervir a fuego lento cinco minutos; revolver constantemente

❦ Incorporar la soya frita y probar la sazón; dejar espesar durante 10 minutos aproximadamente.

❦ Servir caliente con frijoles, tortillas y ajonjolí.

❦ Rinde 6 raciones.

Super albóndigas

1/2 k	carne de res molida
3	tazas de proteína de soya texturizada
2	dientes de ajo picados
2	huevos
2	cucharadas de cebolla picada
2	cucharadas de pan molido
1	lata chica de chiles chipotle
1	litro de agua
1	taza de puré de tomate
1	taza de hierbabuena o cilantro picado
·	aceite
·	sal, al gusto

❦ Remojar la proteína de soya en un litro de agua durante 10 minutos.

❦ Licuar la soya con agua, colar y exprimir; mezclarla con carne molida y añadir cebolla, ajo, huevos, pan molido, sal y hierbabuena.

❦ Mezclar y formar las albóndigas.

❦ En una olla con poco aceite poner puré de jitomate licuado con chiles chipotle, añadir una taza de agua y sal.

❦ Incorporar las albóndigas y dejar cocer a fuego lento durante 15 minutos aproximadamente.

❦ Rinde 6 raciones.

Verduras

VERDURAS

En esta ocasión, el recetario de verduras parte, en gran medida, de la cultura indígena, tanto que al parecer se impone a la aportación de allende los mares. Pero es precisamente el mestizaje culinario el que, encauzado por la tradición nativa, da a esta sección el encanto y el sabor local de la buena comida familiar. Espléndida integración de lácteos y verduras en la cocina chihuahuense.

Para empezar, unos ricos chacales. Esto es, cómo preparar unos elotes grandes cocidos en agua. Se venden en la calle con crema o queso, calientitos. Son parte de nuestra cultura familiar y antojo y delicia de los chamacos.

Ingeniosa resulta la receta para el rollo de elote, en la cual se fabrica una pasta a la que se agregan chiles poblanos y queso rebanado, todo cocido al vapor, para agregarle luego una salsa de jitomate y queso. Más elaborados, pero igualmente apetitosos, son los timbales de elote.

Los chiles rellenos de elote con queso son, más que una verdura, un verdadero antojo. El queso, des- de luego, es el de Chihuahua, tan famoso por su gran sabor y calidad. Bajo el eufemismo de un nombre como el de chiles pobres, se ofrecen enseguida unos chiles anchos con un deleitoso relleno: chorizo, costillitas de puerco, ajo y cebolla.

La papa americana –originaria del continente, desde el norte hasta el sur– recibe atención apropiadamente con tres sencillas y llenadoras recetas. La primera, papa a la cazadora, recuerda tiempos idos, las luchas entre apaches y mestizos. Lo simple, lo recio, como cualquiera puede comprobarlo con esta receta, resulta no sólo sabroso sino estimulante. Las bolas de papa y el rollo de papa tienen ya la retroalimentación de la cocina europea.

Claramente local resulta la preparación del mecuasare, o sea, una manera de guisar los quelites tiernos, que ya cocidos se fríen con carne de puerco, ajo y cebolla. Unas llamativas tortitas de zanahoria, con queso, y unas prometedoras calabacitas, con crema, aprovechando ambas recetas la rica producción láctea del estado, cierran esta simpática sección de la cocina de la familia chihuahuense.

Amistad desde muchacho
o fogón en pleno invierno,
tal cual son,
el puro elotito tierno

Chacales

20	elotes grandes
500 g	queso ranchero
200 g	manteca
3	tomates grandes
1	diente de ajo
1	cebolla
3	litros de agua

- ❦ Cocer los elotes, retirar, ponerlos al sol a secar durante cinco días (desgranados).
- ❦ Freír en manteca, agregar tomates picados, cebolla y ajo; añadir agua hirviendo.
- ❦ Al final, agregar el queso para que haga hebra.
- ❦ Rinde 15 raciones.

Receta de Lilia Enríquez de Lerma

Rollo de elote

5	elotes de tamaño regular
500 g	jitomate
200 g	queso crema
75 g	mantequilla
1/8	litro de crema
1	cucharadita de polvo para hornear
3	chiles poblanos
3	cucharaditas de aceite
1	cebolla
·	sal de ajo
·	sal, al gusto

- ❦ Moler los elotes en crudo; batir mantequilla, agregar los elotes molidos, polvo para hornear, sal, sal de ajo, y extender la pasta en forma rectangular sobre una servilleta húmeda.
- ❦ Poner encima los chiles asados (sin piel, desvenados y cortados en tiras finas) y el queso rebanado; hacer un rollo y atar con un cordón.
- ❦ Cocer a vapor durante una hora, cortar en rebanadas.
- ❦ Para preparar la salsa, freír en aceite cebolla picada, agregar jitomate (asado, molido y colado), sal y dejar hervir hasta espesar.
- ❦ Servir las rebanadas con salsa, crema de leche y queso crema.
- ❦ Rinde 8 raciones.

Receta de Ma. Lourdes Rascón de Loera

Papas a la cazadora

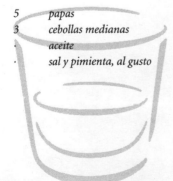

5	papas
3	cebollas medianas
·	aceite
·	sal y pimienta, al gusto

- ❦ Lavar las papas y cortarlas en tiras sin quitarles la cáscara; partir las cebollas en tiras también.
- ❦ En una sartén gruesa con tapa, acitronar las cebollas, las papas y sazonar con sal y pimienta; cocer a vapor con la sartén tapada.
- ❦ Rinde 8 raciones.

Receta de Juan Octavio López Carrillo

Chiles rellenos de elote con queso

8	chiles valleros verdes
2	tazas de queso Chihuahua rallado
1/2 k	granos de elote en lata
1	taza de crema
·	mantequilla
·	sal, consomé y pimienta
·	papel aluminio

💗 Tatemar los chiles, ponerlos en agua y limpiarlos; abrirlos por un lado, extraer las semillas y rellenarlos con una mezcla de 1 1/4 tazas de queso con granos de elote.

💗 Colocar los chiles en un recipiente refractario, cubrirlos con crema sazonada con sal, consomé y pimienta; añadir el queso sobrante y trocitos de mantequilla.

💗 Tapar con papel aluminio y hornear 20 minutos; servirlos calientes.

💗 Rinde 8 raciones.

Receta de Ana María Ramírez

Chiles pobres

1 k	costillas de puerco
250 g	chorizo tipo español
250 g	tomatillo picado
10	chiles anchos colorados
1	taza de cebolla picada
3	tazas de agua
1	diente de ajo
·	aceite
·	sal, al gusto

💗 Cortar la carne en trozos regulares y hervir con agua, sal y ajo.

💗 Freír los chiles en pedazos (no dejarlos dorar para que no amarguen); retirar y ahí mismo freír chorizo en rebanadas.

💗 Retirar y freír cebolla y tomatillos picados.

💗 Agregar todos los ingredientes a la carne cocida y dejar hervir veinte minutos aproximadamente; servir caliente.

💗 Rinde 6 raciones.

Receta de Guadalupe García Chaparro

Timbales de elote

6	elotes tiernos
150 g	mantequilla
100 g	harina
4	huevos
1	taza de leche
1/2	taza de nata de leche o crema
1	cucharadita de polvo para hornear
	Salsa
75 g	mantequilla
3	chiles verdes grandes
2	dientes de ajo
1	cebolla chica
1	taza de leche
2	cucharadas de salsa de tomate
1	cucharada de harina
·	sal y pimienta, al gusto

💗 Desgranar los elotes, mezclar con las yemas de huevo batidas, nata, harina cernida con polvo para hornear, claras de huevo a punto de turrón y leche.

💗 Verter en moldecitos untados de mantequilla; hornear a baño María, a calor regular (300°C).

💗 Servir con salsa (para prepararla, asar los chiles, cortar en tiras, freír en mantequilla junto con ajo y cebolla picada; añadir harina, antes de que dore, agregar leche y salsa de tomate, sazonar con sal y pimienta; al espesar, retirar).

💗 Rinde 8 raciones.

Receta de Amanda Curiel Caraveo

Rollo de papa

2	papas grandes
2	huevos duros picados
1	taza de chícharos cocidos
1	taza de mayonesa
1/2	taza de paté
1/2	taza de pimientos morrones

- ❧ Cocer las papas y amasarlas con mitad de la mayonesa.
- ❧ Mezclar paté con chícharos, huevos duros, pimientos morrones picados y el resto de mayonesa.
- ❧ Colocar la pasta de papa en un lienzo húmedo en forma rectangular; poner encima el relleno y enrollar con la ayuda de una servilleta; refrigar una hora.
- ❧ Decorar con pimiento morrón y aguacate.
- ❧ Rinde 6 a 8 raciones.

Receta de Ileana de la Paz

Calabacitas con crema

500 g	calabacitas
500 g	queso fresco
30 g	manteca o mantequilla
2	elotes tiernos
1	chile poblano
1/4	litro de leche
1/8	litro de crema
1	cucharada de azúcar
1	cucharada de cebolla picada
·	sal, al gusto

- ❧ Acitronar cebolla en una sartén con manteca o mantequilla; agregar calabacitas picadas, chile poblano (tostado, desvenado, pelado y en rajitas); freír.
- ❧ Añadir leche, elotes en grano, sazonar con sal y azúcar; dejar hervir a fuego lento.
- ❧ Colocar en un recipiente refractario, añadir crema y queso rebanado y hornear cinco minutos; servir caliente.
- ❧ Rinde 6 raciones.

Receta de Irma Mendoza de Álvarez

Mecuasare

3	mazos de mecuasare (quelite tierno)
500 g	carne de puerco
100 g	manteca
1	cebolla mediana
1	diente de ajo

- ❧ Lavar el mecuasare y ponerlo a cocer.
- ❧ Freírlo, agregar la carne cocida y frita en manteca, cebolla y ajo.
- ❧ Rinde 6 raciones.

Receta de Lilia Enríquez de Lerma

Tortitas de zanahoria

500 g	zanahorias
500 g	queso
2	huevos
1/2	litro de aceite
·	sal, al gusto

- ❧ Rallar las zanahorias y el queso; batir el huevo a punto de turrón, agregar sal y mezclar con lo anterior.
- ❧ Freír en aceite caliente cucharadas de la preparación anterior y servir.
- ❧ Rinde 10 raciones.

Receta de Evita Jiménez Aguirre

Bolas de papa

250 g	papas cocidas
2	huevos
3	cucharadas de harina
1/4	litro de caldo de pollo
1	taza de salsa de tomate
1/4	taza de margarina
·	sal y pimienta, al gusto

Salsa

2	tomates (asados y pelados)
1	chile serrano
1	diente de ajo
1/2	cebolla
·	sal, al gusto

❦ Cocer las papas y molerlas; agregar los demás ingredientes y mezclar.
❦ Formar bolitas y ponerlas en la salsa (para prepararla, licuar los tomates con los demás ingredientes, agregar sal y hervir).
❦ Al final, incorporar las bolas de papas a la salsa y servir.
❦ Rinde 8 raciones.

Receta de Lidia Elena Ch. de Serrano

Panes y Postres

PANES Y POSTRES

El horno familiar mexicano se engalana con el conjunto de recetas que la familia chihuahuense aportó para este apartado, en el que sabrosamente nos explica cómo preparar panes y tortillas sobre la base del maíz y el trigo.

Maíz de origen indígena para un pan de elote, a la europea, y trigo de origen lejano para unas tortillas locales. La cocina del norte de México es famosa por sus tortillas de harina y estas sustanciosas y delicadas acompañantes, la verdad sea dicha, no siempre se saben preparar en otras regiones del país. El mestizaje llega aquí a su plenitud y sencillez más acabadas. Con masa de maíz y requesón local se confeccionaron otras tortillas de fino gusto. Y, después, viene la fórmula para hacer que la harina de trigo integral sea la base de un nutritivo pan, con el que también se puede acompañar cualquier comida. Aunque, complementaria o alternativamente, ésta se puede apoyar en unas ricas harinillas, si es que se prefiere otra forma nativa para aprovechar tanto el maíz como el trigo.

Zanahoria, manzana, limón, anís y naranja dan sabor a sendas variedades de pan, con sus respectivas recomendaciones para la preparación y el horneado. También hay una receta de pan menonita. Esto es, de un pan preparado a la usanza de este austero y laborioso grupo religioso que se estableció desde el siglo pasado en vastas zonas del estado de Chihuahua, proveniente de Estados Unidos de Norteamérica.

Para la merienda, y ya más en tono de postre, se ofrecen varias recetas para fabricar panes y panqués. Una, a base de trigo entero; otra, aromatizada con naranja y pasas, y todavía otra más, en la fórmula de un apetitoso pan de miel con leche.

Con frijol, u otra vez con manzana, en receta menonita, o con calabaza, para la mexicanísima capirotada, se presentan a continuación tres postres que recomienda la cocina chihuahuense. Coricos se llama a unas galletas en forma de herradura, a base de harina de maíz, con huevo, canela y vainilla. Luego, la influencia hispánica se hace presente en unas torrejas de queso con sus nueces, cacahuates y pasas locales.

Dos recetas de frituras festivas cierran la sección. Unos buñuelos regionales o corbatas, y unas rayadas de Parral, con harto piloncillo, que seguramente disfrutó Pascual Orozco, en tiempos revolucionarios, o el mismo Pancho Villa, o Rafael F. Muñoz, el chihuahuense que los supo novelar tan bien.

Bien te quiero, te quiero como pan. ¿Quieres más?

Pan de elote

8	elotes desgranados
5	huevos
200 g	mantequilla
1 3/4	tazas de harina
1	taza de agua
1	lata de leche condensada
3	cucharaditas de polvo para hornear
1	cucharadita de canela molida
·	mantequilla y harina

- Batir mantequilla hasta acremar, añadir los huevos y leche condensada; batir hasta mezclar perfectamente y bajar la velocidad.
- Incorporar harina, polvo para hornear, canela y elote licuado con agua; batir hasta integrar todo.
- Verter la pasta en un molde engrasado y enharinado.
- Meter a horno precalentado (170°C) y hornear treinta minutos aproximadamente.
- Rinde 8 raciones.

Receta de Ma. Leticia Espinoza de Tobías

Tortillas de harina

500 g	harina
150 g	manteca
1/3	cucharada de sal
1/2	cucharada de polvo para hornear
1	taza de agua caliente

- Mezclar harina con sal y polvo para hornear.
- Hacer un hueco en el centro, agregar manteca y revolver; añadir agua poco a poco hasta obtener consistencia blanda.
- Hacer bolitas del tamaño deseado y extenderlas (del espesor deseado); cocer en comal.
- Rinde 12 a 15 raciones.

Receta de Blanca Silvia Calleros de Jurado

Tortillas de requesón

1 k	masa de maíz
500 g	requesón
250 g	queso rallado
·	sal o azúcar, al gusto

- Batir requesón, agregar queso rallado, masa y azúcar o sal.
- Agregar leche (en caso necesario) y hacer las gorditas a mano del tamaño deseado.
- Cocer en comal o en el horno.
- Rinde 15 a 20 raciones.

Receta de José Luis Sáenz Guerra

Pan de harina integral

2	cucharaditas de azúcar glass
2	tazas de harina integral
2	tazas de harina de trigo
1/4	taza de agua tibia
2	cucharaditas de sal
1	cucharada de levadura
·	mantequilla
·	papel aluminio

❦ Poner en una taza una cucharada de azúcar con agua tibia y levadura; dejar reposar durante media hora en lugar templado (sin corrientes de aire).

❦ Mezclar con harina, sal y una cucharadita de azúcar, añadir agua tibia (en caso necesario) y trabajarla con las manos.

❦ Colocarla en un molde rectangular previamente engrasado, dejarla en lugar templado hasta doblar su volumen.

❦ Envolver en papel aluminio y hornear 40 minutos aproximadamente; desmoldar y dejar enfriar.

❦ Rinde 12 raciones.

Receta de Norma C. Alvillar de Ch.

Harinillas

10	elotes desgranados
1 k	harina
500 g	manteca
2	cucharadas de polvo para hornear
1/2	cucharada de sal

❦ Moler los elotes, mezclar con los demás ingredientes (sin agua), amasar; extender la masa y cortar cuadros o círculos (al gusto).

❦ Acomodarlos en una charola de horno.

❦ Hornear (200°C) durante treinta minutos aproximadamente.

❦ Rinde 20 raciones.

Receta de Alicia Castillo de Rascón

Pan de zanahoria

3	tazas de zanahoria rallada cruda
3	tazas de harina cernida
2	tazas de azúcar
1	taza de aceite
1/2	taza de nuez picada
4	huevos
1	cucharada de polvo para hornear
1/2	cucharada de bicarbonato
1	cucharadita de canela molida
·	mantequilla y harina

❦ Mezclar azúcar, aceite y los huevos enteros; agregar harina previamente cernida con polvo para hornear, bicarbonato y canela.

❦ Incorporar las zanahorias y las nueces.

❦ Engrasar y enharinar un molde, verter la pasta y hornear (250°C).

❦ Rinde 15 raciones.

Receta de Bertha Fierro de Seáñez

Pan de manzana

3	tazas de manzana rallada
3	tazas de harina
2	tazas de azúcar
1	taza de aceite
2	huevos
2	cucharadas de canela molida
1	cucharada de nuez moscada
2	cucharaditas de bicarbonato
2	cucharaditas de vainilla
1/2	cucharadita de sal

❦ Batir azúcar, huevos y aceite.
❦ Cernir los demás ingredientes e incorporar las manzanas y la preparación anterior.
❦ Hornear a 350°C durante 50 minutos.
❦ Rinde 12 raciones.

Receta de Mirna Fabela de R.

Pan de limón

2	limones (jugo)
1	limón (raspadura)
2	huevos
2	tazas de leche hervida (fría)
1	taza de migajón de pan suave
1	taza de nuez molida
1	taza de pasitas
3/4	taza de azúcar granulada
1	cucharada de margarina
1/2	cucharadita de sal

❦ Remojar el migajón de pan en leche durante quince minutos; mezclar con yemas de huevo batidas, sal, azúcar, jugo y raspadura de limón.
❦ Añadir pasas, nueces y las claras a punto de turrón.
❦ Verter en un molde refractario previamente untado de margarina; poner encima pedacitos de margarina.
❦ Hornear a 300°C durante 30 minutos; servir frío o caliente.
❦ Rinde 6 a 8 raciones.

Receta de Lidia Elena Ch. de Serrano

Semitas rancheras

2 k	harina de trigo integral
1/2 k	azúcar
1/2 k	manteca
2	tazas de levadura de tesgüino
·	anís, canela y clavo, al gusto

❦ Mezclar los ingredientes secos; hacer un hoyo en el centro y poner la levadura.
❦ Amasar hacia adentro durante diez minutos; agregar manteca y dejar reposar en lugar tibio.
❦ Al levantar, hacer los panecillos y dejarlos reposar un rato.
❦ Meter al horno durante veinte minutos.
❦ Rinde 20 raciones.

Receta de Luz Elena Cano de Ahumada

Pan de anís

1	huevo
3	tazas de harina
1	taza de azúcar
6	cucharadas de polvo para hornear
1	cucharada de anís
1	cucharada de sal
1	cucharada de manteca
1	cucharada de mantequilla
·	leche

☙ Cernir la harina tres veces junto con polvo para hornear y sal.

☙ Acremar manteca y mantequilla, agregar azúcar, huevo, anís y la harina previamente cernida.

☙ Mezclar con la leche necesaria hasta quedar una masa manejable; formar los panes y hornear.

☙ Rinde 8 raciones.

Receta de Aidé Sagarnaga de A.

Panecitos de naranja

2	naranjas (jugo)
6	huevos
1	huevo para barnizar
600 g	harina
250 g	mantequilla
40 g	levadura
1/2	taza de agua tibia
1/2	lata de leche condensada
·	mantequilla

☙ Disolver la levadura en agua tibia y dejar reposar.

☙ Cernir harina sobre la tabla de amasar.

☙ Formar un hueco en el centro e incorporar mantequilla, huevos, leche condensada, jugo de naranja y levadura.

☙ Amasar fuertemente hasta que se desprenda de las manos.

☙ Verter la pasta en una cacerola engrasada con mantequilla; dejar reposar en lugar tibio hasta que suba al doble.

☙ Volver a amasar ligeramente y cortar porciones del tamaño de un huevo; colocarlas en moldes pequeños para panqué, previamente engrasados con mantequilla.

☙ Dejar reposar una hora y barnizar con huevo batido; meter al horno caliente durante 15 minutos aproximadamente.

☙ Rinde 12 raciones.

Receta de Leticia I. Ruvalcaba V.

Pan menonita

2	tazas de crema
2	tazas de harina
1	taza de azúcar
2	huevos
1	huevo para barnizar
2	cucharaditas de polvo para hornear
1/2	cucharadita de bicarbonato
·	vainilla
·	sal, al gusto

☙ Batir la crema, agregar azúcar, huevos, polvo para hornear, vainilla y, al final, harina, bicarbonato y sal.

☙ Extender la masa y hacer gorditas del tamaño de un bizcocho; barnizar con huevo batido.

☙ Colocar las gorditas en una charola para horno engrasada y hornear durante 20 minutos (250°C).

☙ Rinde 8 raciones.

Receta de Irma Mendoza de Álvarez

Panqué de trigo entero

250 g	azúcar mascabado
150 g	harina
150 g	harina de trigo entero
125 g	manteca vegetal
50 g	nueces
50 g	pasas
3	huevos
1/4	litro de leche
1	cucharada de canela en polvo
1	cucharada de levadura
·	mantequilla y harina

❤ Batir manteca y azúcar hasta esponjar; añadir yemas de huevo, harinas cernidas, levadura y canela.

❤ Agregar leche y las claras de huevo batidas a punto de turrón, pasas y nueces (enharinadas).

❤ Verter en un molde de caja, engrasado y enharinado; dejar reposar en lugar templado hasta que aumente de tamaño.

❤ Cocer en el horno a calor regular (250°C).

❤ Rinde 6 a 8 raciones.

Receta de María Leticia E. de Tobías

Panqué de naranja con pasas

8	huevos
2	naranjas (jugo)
1	limón (ralladura)
150 g	pasas
100 g	nueces
2	tazas de harina de arroz
1	taza de azúcar
1/4	taza de mantequilla quemada
2	cucharaditas de polvo para hornear

❤ Batir mantequilla con azúcar.

❤ Separar las yemas de huevo de las claras; batir las yemas con la preparación anterior.

❤ Batir las claras a punto de turrón e incorporar; agregar harina, polvo para hornear, jugo de naranja, ralladura de limón, pasas y nueces.

❤ Cocer en horno precalentado durante 30 minutos (190°C).

❤ Rinde 8 raciones.

Receta de Josefina Rubio de N.

Pan de miel con leche

500 g	harina
200 g	azúcar molida
1/2	litro de leche
6	cucharadas de miel
2	cucharaditas de bicarbonato
·	mantequilla y harina

❤ Cernir azúcar y harina, agregar poco a poco la leche, bicarbonato, miel y amasar con una cuchara de madera durante unos minutos (darle punto de masa lisa).

❤ Dejarla reposar durante 15 minutos; verter en un molde rectangular previamente engrasado y enharinado.

❤ Hornear durante hora y media, desmoldar y enfriar.

❤ Rinde 8 raciones.

Receta de Norma Catalina Alvillar de Ch.

Dulce de frijol

100 g	nueces
2	tazas de agua
1	taza de frijol crudo
1	lata de leche condensada
·	canela

❦ Cocer los frijoles sin sal, licuar con leche y agua (deben quedar bien molidos y no muy espesos).

❦ En un recipiente grueso colocar la pasta y ponerla a fuego medio; revolver constantemente hasta ver el fondo del mismo.

❦ Retirar del fuego y agregar nuez finamente picada; formar dulces individuales y añadir canela.

❦ Rinde 6 a 8 raciones.

Receta de Ma. Eugenia M. de Ituarte

Dulce menonita de manzana

1 1/2	tazas de manzanas (rebanada delgada)
1	taza de harina
1/2	taza de leche
1	huevo batido
2	cucharadas de azúcar
1 1/2	cucharaditas de polvo para hornear
1/2	cucharadita de sal
·	aceite

❦ Batir el huevo con leche; incorporar los ingredientes secos cernidos, batir y agregar rebanadas de manzana.

❦ Formar de 12 a 15 bolas con la preparación anterior y freírlas en aceite caliente.

❦ Rinde 6 a 8 raciones.

Receta de Ma. del Carmen R. de Gutiérrez

Capirotada

6	bolillos o teleras
3	piloncillos
2	rajas de canela
2	tazas de agua
1	taza de cacahuates pelados
1	taza de nueces
1	taza de pasas
1	taza de queso Chihuahua rallado
1/2	barra de mantequilla
·	grageas

❦ Disolver el piloncillo en poca agua (a fuego mediano), con rajitas de canela.

❦ Rebanar el pan en trozos pequeños y meterlos al horno para que se tuesten un poco.

❦ Colocar en un molde refractario, previamente engrasado con mantequilla, capas sucesivas de pan, nueces, pasas, cacahuates y queso.

❦ Verter miel de piloncillo sobre cada capa y añadir las grageas.

❦ Rinde 8 raciones.

Receta de Georgina Marcela V. de Aguilera

Bolitas de cacahuate

400 g   mantequilla
1 1/2   tazas de azúcar
1   huevo
450 g   fécula de maíz
·   crema de cacahuate
·   harina
·   azúcar pulverizada

❧ Acremar mantequilla, agregar crema de cacahuate y batir; añadir azúcar, huevo, fécula de maíz cernida y la harina necesaria.
❧ Hacer bolitas chicas y meterlas al horno.
❧ Revolcarlas en azúcar pulverizada.
❧ Rinde 15 raciones.

Receta de Irma Mendoza de Álvarez

Coricos

1 k   harina de maíz
500 g   manteca
400 g   azúcar
100 g   levadura
50 g   canela
4   huevos
1/2   litro de agua
1/2   litro de leche
1/2   cucharada de sal
1/2   cucharada de vainilla

❧ Batir manteca, agregar azúcar, harina, huevos, canela y vainilla; calentar la levadura e incorporarla.
❧ Batir y añadir leche, agua y sal.
❧ Engrasar una charola de horno y colocar los coricos en forma de herradura; hornear quince minutos (200°C).
❧ Rinde 15 raciones.

Receta de Carmen Caballero de Sebastián

Torrejas de queso

500 g   cacahuates
500 g   nueces picadas
500 g   pasas
250 g   dulce de piloncillo
250 g   queso
4   clavos de olor
2   huevos
1   raja de canela
1/2   litro de aceite
2   tazas de agua
1   taza de harina
1   pizca de polvo para hornear

❧ Batir las claras a punto de turrón, agregar yemas de huevo, harina y polvo para hornear hasta obtener una masa ligera; añadir queso en cuadritos.
❧ Freír cucharadas de la mezcla anterior en aceite caliente, retirar.
❧ Servir las torrejas con miel de piloncillo (para prepararla, mezclar piloncillo con agua, clavo, canela, cacahuates, nueces y pasas).
❧ Rinde 6 a 8 raciones.

Receta de María de los Ángeles Domínguez

Buñuelos regionales o corbatas

1	huevo
1	yema
3	tazas de harina
1	litro de aceite o manteca
1	taza de leche
3/4	taza de azúcar
3	cucharaditas de levadura en polvo
3/4	cucharadita de sal
1	pizca de nuez moscada rallada

❧ Cernir los ingredientes secos.
❧ Batir un huevo entero, una yema, añadir leche y los ingredientes secos; amasar y formar unas bolas.
❧ Extenderlas en forma de chorizo aplanado, retorcerlas y freírlas en aceite caliente.
❧ Rinde 12 raciones.

Receta de Victoria Rodríguez Carbajal

Rayadas de Parral

1 k	harina integral
100 g	levadura
1/2	litro de miel de piloncillo
2	cucharaditas de anís en semilla
2	cucharaditas de canela molida
1	cucharadita de sal

❧ Unir todos los ingredientes en forma envolvente y amasar, dejar reposar 30 minutos.
❧ Tomar trozos de masa para formar el pan.
❧ Colocarlos sobre una lámina para horno, poner en el centro de cada pan, de lado a lado, una línea de la misma masa; espolvorear harina.
❧ Hornear a 250°C, durante 45 minutos; retirar y dejar enfriar.
❧ Servir con miel de piloncillo (para prepararla, hervir medio kilo de piloncillo en un litro de agua y dejar consumir la mitad).
❧ Rinde 15 a 20 raciones.

Receta de Nélida Morales de Quiñones

De Cocina y Algo Más

FESTIVIDADES

LUGAR Y FECHA	CELEBRACIÓN	PLATILLOS REGIONALES
CHIHUAHUA (Capital del Estado) *Mayo 22*	**Santa Rita** Fiesta patronal. Las celebraciones inician el día 19. Destaca la danza de Matachines.	∾ Conejo asado o al horno, lengua, machaca, empanadas de Santa Rita, carne seca, tamales norteños, salpicón, sopa de tortilla, menudo tatemado, chile con queso, enchiladas coloradas, caldillo de queso, venado fileteado, frijoles maneados, machaca con huevo, carne adobada, papas con queso, aguacates rellenos, tortillas de harina. ∾ Dulces de leche planchada, gorditas de cuajada, arroz con leche, jalea de chabacano, harinillas, dulces de avena. ∾ Aguardiente, pulque, aguas frescas, mezcal, atoles, champurrados, café endulzado con piloncillo y chocolate.
CIUDAD JUÁREZ *Mayo 16 a junio 1*	**Feria de Santa Rita** Celebración de la fiesta patronal y exposición de productos industriales, artesanales y comerciales.	∾ Empanadas de Santa Rita, asaderos, calabacitas con queso, chile con carne, tapado de lengua de vaca, chícharos a la norteña, nopales con huevo, frijoles de la olla o maneados, pollo a la leña, cabeza tatemada, tamales de carne, chiles rellenos, quesillo fresco o en sopa, tortillas de harina. ∾ Torrejas, postre de piña, mermeladas, jaleas, buñuelos, postre de huevo, caramelos de higo, manzanas al horno, camote en dulce, arroz con leche. ∾ Aguas frescas de horchata, chía, alfalfa y perejil, mezcal tatemado, atole blanco, café de olla, aguamiel, champurrado, chocolate, fermentados de frutas y pinole.
Diciembre 12	**Virgen de Guadalupe** Se conmemora también la fundación de la ciudad. Procesiones, bailes y danza de Matachines.	∾ Sopa de tortilla y jocoque, enchiladas coloradas, tamales de carne, tunas rellenas de queso, medallones de verduras, carne de res y cerdo, asadas o fritas, menudo blanco, chícharos a la norteña, tortillas de requesón, flautas, calabacitas con queso, asaderos, chile con queso, nopales con huevo, caldillo de carne seca, quesadillas, tortillas de harina. ∾ Dulce de avena, leche merengada, conserva de membrillo, torrejas, jamoncillo de leche, dulce de pitahaya, gorditas de cuajada, capirotada, camote en dulce. ∾ Tezhuino (bebida regional de maíz fermentado con azúcar), aguas frescas, pulque, mezcal, café con piloncillo, champurrado, chocolate, atole blanco.
GUADALUPE DE BRAVOS *Mayo 15*	**San Isidro Labrador** Dos grupos ejecutan bailes que se prolongan durante todo el día. Concluye con un desfile en la noche.	∾ Empanadas de carne, salpicón, queso asado en chile pasilla, tamales de carne, chiles rellenos, cabeza tatemada, tortillas de requesón, flautas, quesadillas, enchiladas coloradas, conejo al horno o asado, venado en chile colorado, queso fundido con chorizo, papas con queso, frijoles maneados o a la olla, menudo blanco o colorado, tortillas de harina.

~ Arroz con leche, dulces de leche planchada y de avena, mermelada de ciruela pasa, buñuelos, jamoncillos, jaleas, conserva de tejocotes, caramelos de higo, compotas, harinillas, postre de huevo, torrejas.

~ Batari (bebida que se prepara con maíz y triguillo fermentados), atoles, chocolate, champurrado, café de olla, mezcal, pulque, aguamiel, aguardiente, aguas frescas.

Diciembre 12	**Nuestra Señora de Guadalupe** Santa Patrona. Procesión de imágenes sagradas y carrozas. Los jóvenes ejecutan danzas indias tradicionales en su honor.	~ Tortillas de requesón, enchiladas, quesadillas, gorditas, sopes, caldillo de carne con papas, venado fileteado, salpicón, aguacates rellenos, tamales de carne, ensaladas de tuna, chilacayote o calabaza, quesillo con chile y elote, flautas, carne adobada, sopa de tortilla, nopales con huevo, tortillas de harina. ~ Postre de piña, torrejas, buñuelos, gorditas de cuajada, dulces de avena, calabaza y camote en dulce, leche merengada, torrejas, manzanas empastadas o al horno, jamoncillo y dulce de frijoles. ~ Aguardiente, café con piloncillo, fermentados de frutas, mezcal, pulque, atoles, chocolate, champurrado.
HIDALGO DEL PARRAL *Mayo 3*	**La Santa Cruz** Bailes, fuegos artificiales y feria.	~ Chacales de Parral (ezquites) blancos o con chile, quesillo fresco o en sopa, conejo al horno o asado, pollo a la leña, tamales de carne, tortillas de harina, nopales con huevo, frijoles de la olla o maneados, tapado de lengua de vaca, carne adobada, quesadillas, enchiladas, flautas, caldillo de carne con papas, machaca con huevo, menudo. ~ Arroz con leche, dulce de avena, empanadas rellenas de frutas, manzana al horno, buñuelos, torrejas, piloncillo, barritas de nuez y dátiles, compotas, conserva de membrillo, gorditas de cuajada y jamoncillos. ~ Sotol (bebida que se extrae de la parte inferior del maguey mezcalero), aguas frescas de perejil, horchata, chía y alfalfa, café con piloncillo, pinole, aguamiel, mezcal, pulque, champurrado, atole blanco y chocolate.
JIMÉNEZ *Agosto 6*	**Santo Cristo de Burgos** Bailes tradicionales que son ejecutados por dos grupos de danzantes; concluye con una procesión. Se organiza una feria con espectáculos diversos, juegos y exposición de artículos típicos.	~ Pavo ahumado, asadero, tamales de carne, enchiladas coloradas, flautas, sopa de tortilla, chiles rellenos, cabeza tatemada, carne quemada, asado de res, empanadas de carne, nopales con huevo, chile con queso, espinacas con huevo, queso fundido con chorizo, chícharos a la norteña, aguacates rellenos, salpicón, venado fileteado, papas con queso, tortillas de harina, frijoles de la olla o maneados. ~ Jalea de chabacano, arroz con leche, dulces de avena, frijol, pitahaya y leche planchada, postre de piña, buñuelos, torrejas, mermelada de ciruela pasa, camote en dulce, pasteles de arándano. ~ Pulque, mezcal, aguamiel, café de olla, pinole, chocolate, fermentados de frutas y atole blanco.
SANTA BÁRBARA *Septiembre 8*	**Virgen de los Remedios** Le rinden homenaje a través de la danza de los Arqueros. Bailes populares, juegos pirotécnicos, peleas de gallos y carreras de caballos.	~ Cabeza tatemada, tamales norteños, chiles rellenos, asado de res, venado con chile colorado, frijoles maneados o de la olla, machaca con huevo, pollo a la leña, quesillo con chile y elote, chile con carne, sopa de tortilla, chacales, menudo tatemado, sihuamonte (carne con hueso de conejo o venado),

empanadas de carne, salpicón, nopales o espinacas con huevo, chícharos a la norteña, aguacates rellenos, entremés de atún.

~ Arroz con leche, calabaza y camote en dulce, gorditas de cuajada, jamoncillos de leche, torrejas, buñuelos, dulces de avena, frijol, pitahaya y leche quemada, postre de huevo, caramelos de higo.

~ Atole blanco, sotol, tezhuino, pulque, mezcal tatemado o de lechuguilla, aguas frescas, champurrado, chocolate, café de olla, fermentados de frutas.

SOMBRERETE *Febrero 2*	**La Candelaria** Procesiones, música, danzas de Indios y de la Pluma, juegos pirotécnicos y feria.	~ Carne de res y cerdo asada o frita, sopa de tortilla y jocoque, chacales, mochomos (carne de puerco), quesadillas, flautas, calabacitas con queso, caldillo de carne seca, menudo blanco o colorado, queso asadero en chile pasilla, tamales de carne, tunas rellenas de queso, carnes adobadas, empanadas de carne, salpicón, tortillas de harina. ~ Barritas de nuez y dátiles, harinillas, jaleas, compotas, conservas, leche merengada, manzanas al horno, camote en dulce, pasteles de arándano, gorditas de cuajada, jamoncillos de leche. ~ Pinole, champurrado, aguas frescas, aguamiel, fermentados de frutas, mezcal de lechuguilla, pulque, chocolate, atoles y café endulzado con piloncillo.

NUTRIMENTOS Y CALORÍAS

REQUERIMIENTOS DIARIOS DE NUTRIMENTOS (NIÑOS Y JÓVENES)

Nutrimento	Menor de 1 año	1-3 años	3-6 años	6-9 años	9-12 años	12-15 años	15-18 años
Proteínas	2.5 g/k	35 g	55 g	65 g	75 g	75 g	85 g
Grasas	3-4 g/k	34 g	53 g	68 g	80 g	95 g	100 g
Carbohidratos	12-14 g/k	125 g	175 g	225 g	350 g	350 g	450 g
Agua	125-150 ml/k	125 ml/k	125 ml/k	100 ml/k	2-3 litros	2-3 litros	2-3 litros
Calcio	800 mg	1 g	1 g	1 g	1 g	1 g	1 g
Hierro	10-15 mg	15 mg	10 mg	12 mg	15 mg	15 mg	12 mg
Fósforo	1.5 g	1.0 g	1.0 g	1.0 g	1.0 g	1.0 g	0.75 g
Yodo	0.002 mg/k	0.002 mg/k	0.002 mg/k	0.002 mg/k	0.02 mg/k	0.1 mg	0.1 mg
Vitamina A	1500 UI	2000 UI	2500 UI	3500 UI	4500 UI	5000 UI	6000 UI
Vitamina B-1	0.4 mg	0.6 mg	0-8 mg	1.0 mg	1.5 mg	1.5 mg	1.5 mg
Vitamina B-2	0.6 mg	0.9 mg	1.4 mg	1.5 mg	1.8 mg	1.8 mg	1.8 mg
Vitamina C	30 mg	40 mg	50 mg	60 mg	70 mg	80 mg	75 mg
Vitamina D	480 UI	400 UI	400 UI	400 UI	400 UI	400 UI	400 UI

REQUERIMIENTOS DIARIOS DE NUTRIMENTOS (ADULTOS)

Proteínas	1	g/k
Grasas	100	g
Carbohidratos	500	g
Agua	2	litros
Calcio	1	g
Hierro	12	mg
Fósforo	0.75	mg
Yodo	0.1	mg
Vitamina A	6000	UI
Vitamina B-1	1.5	mg
Vitamina B-2	1.8	mg
Vitamina C	75	mg
Vitamina D	400	UI

REQUERIMIENTOS DIARIOS DE CALORÍAS (NIÑOS Y ADULTOS)

		Calorías diarias
Niños	12-14 años	2800 a 3000
	10-12 años	2300 a 2800
	8-10 años	2000 a 2300
	6-8 años	1700 a 2000
	3-6 años	1400 a 1700
	2-3 años	1100 a 1400
	1-2 años	900 a 1100
Adolescentes	Mujer de 14-18 años	2800 a 3000
	Hombres de 14-18 años	3000 a 3400
Mujeres	Trabajo activo	2800 a 3000
	Trabajo doméstico	2600 a 3000
Hombres	Trabajo pesado	3500 a 4500
	Trabajo moderado	3000 a 3500
	Trabajo liviano	2600 a 3000

EQUIVALENCIAS

EQUIVALENCIAS EN MEDIDAS

1	taza de azúcar granulada	250	g
1	taza de azúcar pulverizada	170	g
1	taza de manteca o mantequilla	180	g
1	taza de harina o maizena	120	g
1	taza de pasas o dátiles	150	g
1	taza de nueces	115	g
1	taza de claras	9	claras
1	taza de yemas	14	yemas
1	taza	240	ml

EQUIVALENCIAS EN CUCHARADAS SOPERAS

4	cucharadas de mantequilla sólida	56	g
2	cucharadas de azúcar granulada	25	g
4	cucharadas de harina	30	g
4	cucharadas de café molido	28	g
10	cucharadas de azúcar granulada	125	g
8	cucharadas de azúcar pulverizada	85	g

EQUIVALENCIAS EN MEDIDAS ANTIGUAS

1	cuartillo	2	tazas
1	doble	2	litros
1	onza	28	g
1	libra americana	454	g
1	libra española	460	g
1	pilón	cantidad que se toma con cuatro dedos	

TEMPERATURA DE HORNO EN GRADOS CENTÍGRADOS

Tipo de calor	Grados	Cocimiento
Muy suave	110°	merengues
Suave	170°	pasteles grandes
Moderado	210°	soufflé, galletas
Fuerte	230°-250°	tartaletas, pastelitos
Muy fuerte	250°-300°	hojaldre

TEMPERATURA DE HORNO EN GRADOS FAHRENHEIT

Suave	350°
Moderado	400°
Fuerte	475°
Muy fuerte	550°

Chacales. Elotes macizos que se ponen a secar al sol, deján-doles algunas hojas para manejarlos. Una vez endurecidos, se desgranan y se cuecen en agua con sal y cebolla. En Semana Santa se utilizan para la elaboración de un platillo típico, en el cual al cocer el maíz, además de la sal y la cebolla, se agrega una abundante porción de jitomate.

Chambarete. Es un tipo de carne con hueso que se utiliza, con frecuencia, en caldos y moles ligeros.

Chilaca (chile). Variedad de chile picante de forma alargada y color verde claro. Muy común en Chihuahua.

Huikimo. Bebida que se prepara con capulines.

Lubina. Pescado de color gris claro, abundante en el río Conchos; se aprovecha con suma frecuencia en la región.

Machaca. Carne de res, salada y puesta a secar al sol en grandes trozos, de los cuales se van cortando pedazos. Estos se golpean en el metate para suavizarlos y deshebrarlos.

Mecuasare. Llámanse así los quelites tiernos, es decir, un tipo de plantas silvestres que se comen como verdura.

Menonita (queso). En el género de los quesos chihuahuenses, el elaborado por los miembros de este grupo religioso suele presentarse en barras cuadrilongas, en vez de la típica forma redonda, forrada de tela, del tradicional queso de Chihuahua.

Nogada. Dulce seco de nuez y, por lo general, piloncillo; también la salsa de nuez, molida en metate, a la que se agrega crema.

Pacholas. Bisteces de carne molida en metate y condimentada; fritos posteriormente.

Pipián. Aderezo que se prepara con salsa de pepitas de calabaza, tostadas y molidas

Sihuamonte. Carne con hueso, de conejo o venado.

Sotol. Licor embriagante de olor y sabor peculiares que se obtiene por fermentación del tronco tierno o del cogollo de la planta así llamada, afín a la palmilla y el izote y semejante al maguey. Se le añade, a veces, un trozo de víbora de cascabel.

Tesgüino. Bebida de origen tarahumara, huichol y cora. Se prepara a base de la levadura que produce el maíz fermentado.

Tequesquite. Sustancia pétrea formada por sales minerales. Sirve como abrasivo. Asentada, el agua de tequesquite se utiliza, en la cocina mexicana, como bicarbonato. Da una sazón especial.